2015

中国互联网电视发展蓝皮书
The Development Of China's Internet TV Blue Book

主编 张余 邵以丁

中国传媒大学出版社

·北京·

图书在版编目（CIP）数据

2015中国互联网电视发展蓝皮书 / 张余，邵以丁主编．
——北京：中国传媒大学出版社，2016.1
ISBN 978-7-5657-1526-6

Ⅰ．① 2…　Ⅱ．①张…　②邵…
Ⅲ．①互联网络—电视事业—研究—中国—2015　Ⅳ．① G229.2

中国版本图书馆 CIP 数据核字 (2015) 第 266725 号

2015中国互联网电视发展蓝皮书
2015 ZHONGGUO HULIANWANG DIANSHI FAZHAN LANPISHU

主　　编	张余　邵以丁
责任编辑	欣雯　李明
责任印制	阳金洲
封面制作	李天一
出 版 人	王巧林
出版发行	中国传媒大学出版社
社　　址	北京市朝阳区定福庄东街1号　邮编：100024
电　　话	86-10-65450528　65450532　传真：65779405
网　　址	http://www.cucp.com.cn
经　　销	全国新华书店
印　　刷	北京联合互通彩色印刷有限公司
开　　本	787mm×1092mm　1/16
印　　张	10.25
版　　次	2016年1月第1版　2016年1月第1次印刷
书　　号	ISBN 978-7-5657-1526-6/G·1526
定　　价	68.00元

版权所有　翻印必究　印装错误　负责调换

互联网电视是未来电视产业发展的趋势，而互联网电视的发展趋势，就是互动。互动是一项有巨大商业价值，同时也任重而道远的任务。互联网电视的出现，提供了这样的机会。

—— 国广东方网络（北京）有限公司总经理 宫玉国

互联网电视拥有信息化社会最先进的生产力基因，具有强大的生命力，代表着媒体的发展方向。期待着以互联网电视为代表的互动电视能得到高速发展。

—— 广东南方新媒体发展有限公司董事总经理 林瑞军

互联网电视的诞生重新扭转了媒介接触终端越来越碎片化的局面，让家庭成员逐渐回到客厅的电视机前，由 OTT 互联网电视所引领的大屏收视和家庭收视场景的回归，将为电视产业开启一个全新的时代。

—— 尼尔森网联首席执行官 张余

无论技术如何演进，人们生活的时间和空间如何变化，家庭客厅的电视屏幕、互动在人们家庭生活中扮演着重要的角色，而且，随着互联网电视整个"云、管、端"的发展，大屏幕、高清化、智能化、交互化以及更优质的内容、更自由更个性的收看模式将成为互联网电视吸引用户的重要驱动因素。因此，电视从单向到双向交互的发展过程，就是不断创造新的用户体验的过程，无论是 IPTV、数字电视双向高清还是互联网电视，都在朝着更好的交互体验努力。

—— 优朋普乐科技有限公司董事长兼 CEO 邵以丁

满足人们对于"沉浸感"的需求，深度的"沉浸感"、"震撼的视觉体验"、"交互的界面"、"共享的客厅场景"成为互联网电视吸引用户的关键因素。互联网电视是共享的"沉浸感"经济。

—— 趋势观察家，知萌咨询机构 CEO 肖明超

互联网电视不单只是一个屏幕，而是代表着新兴的互联网模式、高品质的内容以及更好的观看体验的价值的聚合。互联网和电视的融合，让电视的价值得到增强，同时又增加了新的营销平台。进一步将互联网电视体系化、概念化、实用化是接下来互联网电视行业值得去做的工作。

—— 国家广告研究院院长，中国传媒大学教授 丁俊杰

互联网电视是客厅经济，而客厅经济会产生更多的消费和交互行为，从而产生更多的商业价值。另外，互联网电视拓宽了电视的受众群体，而不仅仅是互联网人群的转移，包括以前根本就不会去买电脑的人群，现在也成了互联网电视的用户群。

—— 创维酷开董事长 王志国

2016 年将是互动电视生命周期曲线上行线呈突进态势的时期，随着用户规模的大幅提升，互动电视产生的巨大流量和入口效应成为主流，互联网电视广告的变现能力将突飞猛进。预计 2017 年年初，这个发展曲线会达到第一个"峰值"。

—— 优朋普乐科技有限公司副总裁 韩怡冰

在未来，广告商将广告信息推送到家庭屏幕的时候，更多的年轻用户和高消费用户将会更容易接受广告信息，同时在智慧家庭互联大屏系统中，智能电视依然扮演着比手机或者 Pad 更重要的角色，或者说是年轻用户所喜欢的大屏幕。

—— 杭州泰一指尚科技有限公司董事长 江有归

5 序言 互联网电视产业的升级

  抓住时代脉搏，加快互动电视产业发展速度（林瑞军）
  坚持正确导向，推动产业健康发展（宫玉国）
  互动电视是电视产业发展的未来（邵以丁）
  家，是一切的开始——OTT互联网电视家庭收视场景的回归（张余）
  共生的蜂巢效应与"沉浸感"经济（肖明超）
  互联网电视是营销价值的重新聚合（丁俊杰）
  互联网电视：人本传播的回归与大屏之美（金定海）
  互联网电视是互联网终端的最后一块蓝海屏（江有归）

21 第一部分 宏观篇 2014~2015互联网电视产业新趋势

53 第二部分 价值篇 2015互联网电视家庭收视场景新时代

93 第三部分 营销篇 2015互联网电视广告的新机会

113 附录

  附录1 解读美国互联网电视的受众与广告市场
  附录2 《2015中国互联网电视发展蓝皮书》研究方法
  附录3 《2015中国互联网电视发展蓝皮书》专家课题组成员蓝皮书顾问
  附录4 《2015中国互联网电视发展蓝皮书》编委介绍
  附录5 《2015中国互联网电视发展蓝皮书》联合研究单位介绍

159 后记 互联网电视广告：2016至为关键（韩怡冰）

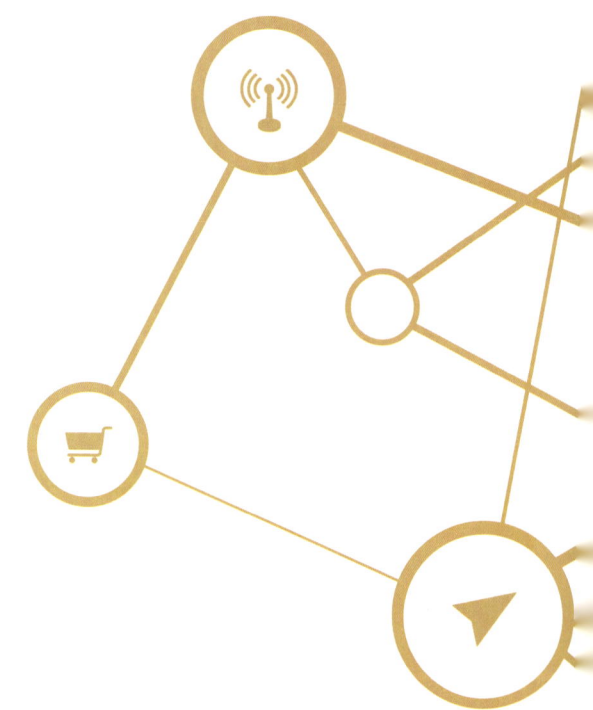

相比 PC 互联网和移动互联网，互联网电视的产业链更长，PC 互联网有 BAT 这样的巨头，可以通过一个公司和入口满足。但是，互联网电视不是这样，从云端服务、传输管控系统、用户终端、技术平台等，没有哪一家公司能够把整个产业链做深做透，这更需要产业链的分工协作。

——尼尔森网联首席执行官 张余

序言 互联网电视产业的升级

抓住时代脉搏，加快互动电视产业发展速度

文 / 广东南方新媒体发展有限公司董事总经理 林瑞军

互联网电视是南方新媒体产业集群的核心资源和核心业务，从2011年我们获得互联网电视牌照开始，我们就认识到，互联网电视拥有信息化社会最先进的生产力的基因，具有强大的生命力，代表着媒体的发展方向。

国家宽带战略的实施为互联网电视的发展提供了良好的基础设施保障，而我们则通过和我们优质合作伙伴的紧密合作，一起不断探索运营管理经验，积累可管可控的监管机制，扫清互联网电视发展的后顾之忧。

这本由我们的亲密伙伴优朋普乐联合尼尔森网联、YUME共同研究发布的互联网电视发展研究报告，其中的许多结论验证了我们在实际运营中的许多发现。比如报告中提到的互联网电视收视人群、族群细分，比如互联网电视正逐渐向大众普及，比如优质的节目内容是做好互联网电视运营的先决条件等。特别是其中提到的一个新观点我非常赞同，就是我们的好伙伴优朋普乐邵以丁董事长提出的"互动电视"的发展。南方新媒体目前的发展战略就是以IPTV、互联网电视、手机电视等重点业务为核心的产业集群，也就是互动电视所涵盖的媒体资源。对此我表示非常的期待，期待着优朋普乐在互动电视这样一个更为广阔的领域和广东新媒体一起高速发展。

在此，也向参与本项目研究的各方专家、学者、研究人员表示敬意，也向优朋普乐、尼尔森网联、知萌咨询表示祝贺，祝贺本次研究项目取得圆满成功。

坚持正确导向，推动产业健康发展

文 / 国广东方网络（北京）有限公司总经理 宫玉国

首先，祝贺我们互联网电视行业新的"蓝皮书"发布。还记得《2014年互联网电视发展白皮书》有句话令我印象颇深："从洞察开始，向用户出发"。今天，我们欣喜地看到，新的"蓝皮书"仍然基于对用户研究的角度，从用户的视野去扫描互联网电视整个产业。

互联网电视是未来电视产业发展的趋势，而互联网电视的发展趋势，就是互动，是通过视频化的信息语言与用户的互动。人类生存的过程，其实就是一个与信息不断互动的过程，通过互动，人类感知了世界，了解了世界，甚至了解了自己。互动就是人类生存的本能。人们通过文字、图片、语音等信息介质与外界实现互动已经非常平常，接下来信息含量最为丰富也最为复杂的信息介质——视频也必将实现互动，从这一角度来说，互联网电视是最有机会实现人与视频介质互动的平台。一方面，要制作积极、健康、受大众喜爱的互联网电视内容，迎合观众的需求；另一方面，要充分利用互联网电视的交互特点，创新内容、收看的交互方式，从而推动互联网电视产业的发展。而这一切的基础，是深入的研究，是对用户需求的了解和对收看行为的分析，观影心理尽在掌握。只有如此，才能创造出体验优越的观看方式、最大化地迎合用户的需求，吸引用户。

中国是全球最大的电视机生产国，也是电视用户大国、网络消费大国，满足不同地区、不同年龄群体、不同文化层次和不同消费水平的受众的影视收看需求，是一项具有巨大商业价值，同时也任重而道远的任务。互联网电视的出现提供了这样的机会，但这需要互联网电视产业链上的每一个合作伙伴共同推动，协力完成。我们携手我们的合作伙伴优朋普乐，携手业内权威的数据研究公司尼尔森网联以及广告界、营销界的多位学者专家，推出全新的研究成果与业界分享，相信这对推动互联网电视产业的发展一定具有深远的意义。

互动电视是电视产业发展的未来

文 / 优朋普乐科技有限公司董事长兼 CEO 邵以丁

从 2014 年优朋普乐与尼尔森网联携手发布第一本《中国互联网电视发展白皮书》以来，短短一年之间，中国电视产业的一个新的传播系统——互动电视系统已经形成，包括有线网双向高清电视、IPTV、OTTTV 等多种形式的电视产品已经覆盖到千家万户。

今年，我们和尼尔森网联等专业机构合力打造《2015 中国互联网电视发展蓝皮书》，与去年不同的是，这次新的研究从数据采集到数据模型创建都采用了全新的研究方法，专家们通过对用户的深度洞察，与电视产业相关专家学者反复论证，对电视行业过去一年的发展进行了系统的梳理。作为一家多年来一直专注于做互动电视运营服务的科技公司，优朋普乐非常乐于继续参与其中，为行业尽自己的绵帛之力，也期待这本《2015 中国互联网电视发展蓝皮书》继续引领互动电视行业的发展。

交互是电视产业发展的重要方向

无论技术如何演进，人们生活的时间和空间如何变化，家庭客厅的电视屏幕，互动在人们的家庭生活中扮演着重要的角色，而且，随着互联网电视整个"云、管、端"的发展，大屏幕、高清化、智能化、交互化以及更优质的内容、更自由更个性的收看模式成为互联网电视吸引用户的重要驱动因素。因此，电视从单向到双向交互的发展过程，就是不断创造新的用户体验的过程，无论是 IPTV、数字电视双向高清还是互联网电视，都在朝着更好的交互体验努力。

2015 年以来，整个互动电视领域呈现爆发式增长，目前国内已经拥有几千万 IPTV 用户，两亿多数字电视用户，互联网电视也迅速增长。优朋普乐多年来专注于互动电视，在 IPTV、DVB、OTT 三个领域进行了全面的布局，这也是优朋普乐提出"有 TV，有优朋"愿景的原因，我们希望能够伴随着整个互动电视全产业的发展，在产业链中为 IPTV、数字电视、互联网电视提供优质的内容平台运营服务。

用户需求驱动产业新生态

相比 PC 互联网和移动互联网，互联网电视的产业链更长，PC 互联网有 BAT 这样的巨头，可以通过一个公司和入口满足网民的大部分需求，但是，互联网电视却不是这样，从云端服务、传输管控系统、到用户终端、技术平台等等，没有哪一家公司能够把整个产业链做深做透，这更需要产业链的分工协作，而且，互联网电视产业链上的每一个公司，都需要极度的专注力和耐心，因为互联网电视观众和 PC 视频和移动看视频有着较大的不同，家庭大屏幕面前的用户，更看重优质的内容、更好的服务和更好的观看体验。

从"看好视频"到"用好电视"再到"玩好电视"，这是用户对于互联网电视的不同需求层次，这样的用户需求也在驱动整个互联网电视产业的创新。优朋普乐一直坚持"产品共建、用户共享、利益共赢"的发展理念，以满足用户对互联网电视的更多需求。如果把互联网电视的内容运营服务看做一棵大树的话，那么优朋普乐已经从底部做到了枝干，目前已经开始对枝干进行布局，产品孕育、合作对象、资金储备都已经陆续完成，我们希望能够与更多的伙伴一起将这棵大树做得枝繁叶茂。因此，我们更希望未来在互联网电视领域能够基于优朋普乐构建的基础，打造"优朋+"的行业共生平台。

互联网电视的商业价值开发才刚开始

互联网电视为电视的产业延展提供了更多的想象空间，优朋普乐也已经和很多合作伙伴一起，在商业化的道路上做了很多有意义的探索，应该说，商业化的大幕才刚刚开启。优朋普乐希望通过用户大数据的积累、技术的不断优化和内容上的大规模投入，与更多的伙伴一起推动互联网电视的新商业发展。

再次祝贺今年这本研究报告的发布，感谢参与本研究项目策划、研究、编辑和贡献观点的课题组专家和成员们。

家，是一切的开始
—— OTT 互联网电视家庭收视场景的回归

文 / 尼尔森网联首席执行官 张余

在家里，客厅中的那台电视承载了太多日常生活中的点滴细节。从童年放学后跑回家看动画片的匆匆脚步，青少年时追随的电视剧中的爱恨情仇，到如今已经为人父母的我们陪着孩子重新看起他们喜爱的动画片，生命的轮回，周而复始，生生不息。

这一切，也正如同互联网电视的发展。

中国的电视市场经历了早年的模数转换、光进铜退，经历了双向变革和三网合一的逆变与冲击，在互联网+的时代又出现了全新的OTT互联网电视，这其中始终伴随着受众形态和用户流向转移的压力和挑战：从最初一家人围绕电视机展开的收视行为，到互联网和移动终端发展带来的收视行为分散，媒介接触的终端越来越碎片化——是互联网电视的诞生重新扭转了这种局面，让家庭成员逐渐回到客厅的电视机前。由OTT互联网电视所引领的大屏收视和家庭收视场景的回归，将开启电视产业的一个全新时代。

2014年尼尔森网联率先开展了针对OTT互联网电视受众的研究，我们发现了互联网电视带来的年轻受众向电视屏幕的回归。经历了一年的快速发展，我们在研究中欣喜地发现，OTT互联网电视的受众开始向全年龄段渗透和扩张，同时他们在互联网电视内容和服务资源使用的深度和广度上也有了长足的进步。互联网电视的年龄适用性正在逐步延展，从以中青年为主向更广泛的群体扩散，受众的家庭结构和人口规模也更加多元化，互联网电视的应用逐渐成为家庭生活中不可或缺的一环，这也意味着围绕这一产业结构和链条上各环节所构建的互联网电视生态将随之迎来更大的产业空间和市场机会。

无论是传统媒体抑或是新媒体，其价值来源最终还是在于规模化的受众市场，家庭收视场景的回归一方面会加速媒体方、内容方、牌照方、广告方等多方资源的融合进程和市场扩张进程，推动产业升级和规模化效应；另一方面，借助互联网电视的互动性、开放性、主动性选择等平台技术优势，来自互联网电视产业链条之外的生产商、零售商、社交平台应用、信息服务应用、游戏及娱乐应用等都可以以各种形式被纳入整体的产业生态之中，共同推进和形成围绕家庭的媒体、娱乐、传播、消费等综合化信息与生活服务平台。

由此，在2015年的研究中，我们增加了一项重要的研究内容——互联网电视到人监测模型的建构。通过这一分析模型的建构，我们不仅能够对互联网电视家庭使用行为数据进行精准的监测与分析，还能够进一步细化行为数据的监测与分析的颗粒度和精细化水平，深入而全面地观察家庭中差异化的个体成员在使用互联网电视时独特的媒介消费和应用行为偏好，从而更好地协助包括广告主、内容商、媒体方等在内的产业生态建构者和参与者优化自身的资源配置，抢占市场先机。

从放置在客厅、卧室中的那块电视屏幕出发，我们正在迎来一个互联互通、融合跨界、崭新精彩的互联网电视"新视界"——家，将是这一切的开始。

共生的蜂巢效应与"沉浸感"经济

文／趋势观察家、知萌咨询机构 CEO 肖明超

互联网＋时代，电视生态圈发生了哪些变革？"电视"的内涵究竟是什么？互联网电视究竟是全盘颠覆还是继往开来？这或许是整个电视产业链，也是整个互联网行业都关注的问题。

生态圈的"蜂巢效应"

传统电视的生态链是由电视机厂商、内容生产商、电视台、传输渠道有线网络和广告公司构成的封闭产业链，而互联网的发展改变了这个生态链，电信、电视机厂商、终端盒子厂商、互联网电视牌照方、内容提供商、服务提供商、视频网站等等纷纷进入互联网电视行业，电视的产业链正在被重构。

在这条重构的互联网电视产业链中，用户、内容、技术、终端、操作系统与应用、服务、广告等构成了互相影响与和谐共生的生态圈，加上其开放共享的产业特性，互联网电视产业成为一个协同者"价值共享"而非"赢家通吃"的产业，即各股力量聚集形成"蜂巢"，既相互独立、各司其职却又相互依存、互相支撑，每个角色的创新都对用户的体验及服务和整个生态有着重要的影响。因此，"用户优先"成为所有互联网电视产业成员都要思考的问题，产业的商业模式不再是单一的 B-B 或者 B-C 的单一闭环式，而变成了 B-B-C、B-C-B 及 C-B-B 的多元开放协同式。

"沉浸感"经济

互联网电视正在重新定义电视的内涵，或者说丰富电视的内涵。同样是内容，传统电视只能以节目和影视剧为主，但是，互联网电视由于接入了互联网应用，因而游戏、在线教育、电商等都可以成为内容，甚至互联网电视还可以利用大数据技术对人进行更加准确的分类，并实现更加个性化的智能化推荐模式。这催生了电视的全新商业时代，在这个时代，终端即媒介，服务即内容，内容即入口，用户即传播。

更重要的是，互联网电视与传统电视最大的区别，在于大屏所带来的"沉浸感"。在一个被互联网切割了更多时间和空间，注意力被不断分散的时代，"沉浸感"成了吸引用户的稀缺资源，也成了用户愿意为之而投入时间的资源，无论是 3D 或者 4K，甚至虚拟现实（VR）等新技术的演进和应用，都在满足人们对于"沉浸感"的需求，深度的"沉浸感"、"震撼的视觉体验"、"交互的界面"、"共享的客厅场景"，成为互联网电视吸引用户的关键因素。如果说 PC 互联网是海量的注意力经济，移动互联网是流动的碎片化经济，那么互联网电视则是共享的"沉浸感"经济。

受众的"融合"

今天，如何看待互联网电视的受众价值？《2014 年互联网电视白皮书》显示，互联网电视呈现出高品质人群和年轻人集中的"优众"现象，而最新的数据显示，互联网电视受众正在向大众扩散。从某种程度上而言，这是一种从分散到融合的受众变革，即互联网电视的受众开始与传统电视的受众融合。

这对于商业的启示是什么？互联网电视显然已经具备了商业价值变现的基础，而且变现可以多元化：可以变成广告平台，可以内容变现，可以服务收费，还可以打造电子商务平台。

就营销传播而言，互联网电视既可以实现规模覆盖的"电视"媒介属性的影响力，也可以实现个性化的"互联网"的传播价值，还可以形成"传统电视＋互联网电视"、"互联网＋互联网电视"、"移动互联网＋互联网电视"等多种传播形态和组合。互联网电视势必会成为一个新的传播介质，这个介质将可以与各个媒介实现融合和链接。

在信息不断对称、技术不断演进的互联网时代，互联网电视正在解构电视产业，也在重构新电视产业，我们唯有拥抱变革，站在风口，才能把握住这块屏幕上的新商机。

互联网电视是营销价值的重新聚合

文 / 国家广告研究院院长，中国传媒大学教授 丁俊杰

最近，在电视行业中有一句话描述互联网给电视带来的冲击，即"电视还在，电视台不在了"，这就是互联网电视带来的最大的根本性变化。"电视还在"，意思就是电视这种介质、形态、人们的收看习惯和方式不会消失，那电视台去哪儿了呢？电视台很大的功能或者它存在的样式转化或者转移了，转化成什么样的形态，我觉得未来的趋势就是互联网电视。在万物皆互联的时代，电视自然也逃脱不了，必然走向互联网电视。

互联网电视带来了新的营销价值和潜力：第一，传统电视所具有的营销价值和营销潜质以及营销性的功能，包括广告在内，一部分被其他媒体和互联网转移了，但是，将来最大的迁移是互联网电视，把传统电视台、大屏幕的所有东西迁移到互联网电视上，这必然会带来新的营销空间。第二，互联网电视会有很多新增的内容，这就是"电视还在，电视台不在"的场景，客厅的屏幕重新回到人们的生活当中，在人们碎片化的小屏幕上解决不了的内容需求，以及在这些碎片化营销中解决不了的问题，还会回到大屏幕。回到大屏幕以后，大屏幕又会把新兴媒体当中的一些品性和品质以及营销价值重新聚合到一起。所以，我觉得"互联网+"这个概念下的互联网电视的大屏价值，潜力是巨大的，只是我们要怎么把它体系化、概念化和实用化，包括完善其评估的方法。

互联网电视已经不算是一个新生事物，但是，无论是传媒界还是营销界、互联网界，对这个概念的理解还有一定的距离。电视被互联网化，这是一个逐渐演变的过程，在当前这个阶段，互联网电视还处于一个不断发展的过程中，它的边界还处于一种增减过程中，它的内涵还在不断地被丰富和被定义，甚至可能被改写。因此，需要这个行业生态链上的各个成员都一起来关注和共同推动。

在中国，衡量一个行业，衡量一种现象是否成熟，能不能被称之为一个行业，一个标志就它能不能有一本像样的、可行的、可信赖的蓝皮书出现，因此，才有这么多互联网电视行业的有识之士，以耕耘的坚韧和姿态，在开垦、开发、维护互联网电视这块土地，共同编写和推出了《2015 中国互联网电视发展蓝皮书》，我觉得这是一件非常好的事情，我希望这本蓝皮书不只是一本介绍行业的书，而应该成为对互联网电视这个趋势背后的传播价值的解读，能够普及给所有跟它有关联的受众，不仅让受众熟悉它、了解它，更应该让更多的企业，让我们的传媒人知道它、了解它。

我认为一本互联网电视的蓝皮书应该具备这样的特征：第一，它是一本资料书，透过这本书，我们能够清晰地感受和摸准互联网电视的脉搏和脉动。第二，它是一本教科书，透过这本蓝皮书，更多的人可以知道互联网电视的 ABC，知道互联网电视的长宽高，将其价值在体系当中确立起来。第三，我认为它应该是一个行业的哲学教程，透过这本蓝皮书，我们可以理解互联网电视的理念、互联网电视的精髓，以及互联网电视在价值层面、在哲学层面、在观念层面上应该有什么样的认识，而不仅仅是一堆数据，它应该是一本有态度、有观点的行业红宝书。

互联网电视：
人本传播的回归与大屏之美

文 / 中国广告协会学术委员会主任，上海师范大学人文与传播学院副院长 金定海

  互联网的技术正在渗透到各个产业，电视也毫不例外，互联网电视就是电视和互联网+深度融合的产物。但是，简单地搬用互联网技术，或互联网思维，未必能深入理解互联网电视的媒体价值。对于客厅形态和电视场景的解读，将是媒体未来必须面对的功课。

  互联网电视不仅需要技术的驱动，更为重要的在于把握电视智能化、互动化之后的形式功能和人文内涵。因此，互联网电视的商业价值需要被重新发现、重新评价，互联网电视的传播功能需要进一步地放大和应用。与此同时，更需要我们对互联网电视做出更符合人本传播的一些思考。

第一，超越庸俗的技术主义，重建以人为本的传播观。今天，在资本的驱动下，技术主义的互联网几乎成了市场的主流声音。有了技术，似乎一个新的商业模式就可以很轻易地获得市场和消费者。但是，这当中却往往忽略了技术的适配性、适用性与人文性。技术要符合人的生活形态，符合人的文化认知方式，才能真正产生价值，让用户产生黏性。互联网电视是利用技术超越了原来电视的新的形态，它克服了原来非智能电视互动不充分的局限。应该看到，互联网电视还是电视，其形态是以"电视"为基础的。电视的传播基础是什么？我认为电视的传播基础是以家庭中最重要的公共空间——客厅——为争夺观众注意力资源的影响发生源地。这一点区别于其他媒体。互联网迅速发展后，传统电视遭遇了用户分流和内容衰落的挑战，很多人认为，其重要原因之一是电视技术的互动不够充分。现在，互联网电视的崛起迅速解决了这个问题，于是，电视开始回归。回归后的互联网电视可以和用户互动，也可以实现收视自主，还可以形成应用和服务的平台，这是和传统电视的很大区别。如何理解这个转变的过程？这既是互联网+带来的空间和价值，又是传统电视所激活的家庭性感知、交流、聚合的延展和回归。因此，不能简单地用庸俗的技术主义来否定互联网电视，认为互联网电视不具备规模化、精准化和价值化的基础；相反，应该用互联网时代的人本传播观来看待它，互联网电视的价值空间和人文传播空间都是巨大的。

第二，重视家庭场景与互联网电视的关联度。家庭当中有很多碎片空间，书房的私人性，厨房、阳台、卫生间、储物间的专属性和功能性，构成了家庭中的碎片空间。这些碎片空间缺乏讨论，缺乏聚合，缺乏共感共通的议事功能，形成的只是散碎的意见，让个人走向内心。有了互联网尤其是移动互联网之后，这些碎片空间的使用时间加长了。但是，值得关注的是，这些碎片的空间难以在家庭中承担公共事务，家庭的公共话题不会在这些空间中聚集。因此，即便屏幕很多，即便碎片化时间很长，也很难在家庭中产生文化的共振和共鸣效应。而在一个家庭中，真正能够聚集公共价值认知的还是客厅。客厅这个场景，无论什么时候，都是家庭当中最有价值的场景，过去，这个场景和电视相关，现在这个场景和互联网电视相关。而且，值得关注的是，有了互联网电视之后，这个场景的时间被拉长，甚至，传统电视中被定义的黄金时间，也被互联网电视重新定义和重新划分，因为互联网电视有了更加多元化和丰富的内容，有了更加自主的选择和更加畅快的观看体验，这也让客厅的观看场景明显比过去增多不少。

第三，大屏带来视觉注意力的回归。人的视觉是会疲劳的，看多了小屏幕的画面和文字，看多了PC端不大不小屏上的碎片内容，看多了社交媒体和自媒体的内容，再面对以50寸为主的高清晰度的客厅大屏，这种视觉争夺的力量是无可比拟的。寻求大视觉，这是人的基本视觉导向。即便是在社交媒体上和移动媒体上，"查看大图"、"查看原图"、"高清"这些需求依然是非常强烈的。从这些行为可以看出，人的视觉导向倾向于大图和大视频，互联网电视的屏幕之"大"，对于视觉的争取力度和诱惑是巨大的，这将对人们接受信息的模式产生根本性的影响。例如，受众在手机和PC上与在互联网电视上看同一场球赛，感受到的视觉冲击力显然不同。更重要的是，互联网电视融合了互联网的很多应用，可以实现互联网的很多功能，但又没有互联网那么多的冗余和干扰，这让互联网电视成了平衡PC屏幕和移动屏幕之间的一个重要介质，大视频和大视觉的影响和争夺不仅能解决产品和品牌的信息告知，还能解决人们审美的不平衡，解决经验和常识的不平衡，并会深度改变消费者的认知。

那么，作为广告传媒界的人士如何看待互联网电视？从趋势上看，互联网电视必然会改变现在的广告传播业态与广告业务的结构，如果在转变和融合时代，作为广告界从业者，不能很好地理解互联网电视，未来将会在这块新的媒体空间中没有话语权，也可能在这块新的媒体市场中，失去商业机会。尤其对于很多建立在传统媒体基础上的传统广告业务的公司而言，互联网电视提供了一个创新的文本和价值机会，广告公司的采购业务也好，企业的营销传播部门也好，都要认真对待了解互联网电视的价值及其运行机制。

从人本的角度去思考，互联网电视是既符合人本的传播属性，又与家庭公共空间和场景化空间相关，并能带来大视觉的价值平台，值得关注！

互联网电视是互联网终端的最后一块蓝海屏

文 / 杭州泰一指尚科技有限公司董事长 江有归

电视改变了我们的生活，而广告改变了我们生活的选择。电视这个广告载体在过去 30 年也在发生着翻天覆地的变化。上世纪 80 年代，我们看的电视是黑白电视，广告寥寥无几；到 90 年代有了彩电，产生了无数经典的电视广告；后来一个叫机顶盒的东西，让我们在看电视需要换台时需要看有文字链的广告；而到今天，尤其是在 2014 年下半年以后，整个市场上卖的电视机绝大多数都变成了智能电视机，连上网后就是 OTT，也就是互联网电视，而广告也在由纯推送的"千家一面"向个性化投放转变。

做过互联网广告的朋友对 DSP、SSP 等一定不陌生，这些都是精准营销。其实互联网电视的广告也一样可以做到精准营销，或者说互联网电视广告就需要做到精准营销。互联网电视广告服务商可以分析用户每天的开关机行为、收视行为或者广告接触行为，通过大数据分析，给用户贴上相应的标签，当广告主的需求标签和用户标签相吻合时，就可以将广告推到该用户面前，可以通过数据挖掘用户、锁定用户，从而使电视广告变得更加有效、高效、精准。

我们可以推算一下未来互联网电视大屏这个广告载体的数量，整个中国，电视机产销量每年在 4000 万台左右。从 2014 下半年开始，所有电视厂商生产的电视机 80% 以上都变成了智能电视，到现在至少有 3000 左右的活跃终端。根据这个产销水平，到 2017 年，每个中国城市家庭都会拥有至少一台智能电视机，而在和互联网相融合之后，意味着每一个家庭就都可以是互联网电视的用户，这个市场就变得非常之大。电视广告在 2014 年的规模有 1300 多亿，互联网电视的加入，其体量将会奔着 2000 亿大关挺近。

有个说法：移动互联网屏幕、电视屏幕和将来的汽车屏幕将是未来最重要的三块屏幕，也将是广告商发力的三块屏幕，而其中最有优势的必然是互联网电视屏幕。未来，广告商将广告信息推送到家庭屏幕，更多的年轻用户和消费用户将会更容易接受广告信息，同时在智慧家庭的互联大屏系统中，智能电视依然扮演着比手机、Pad 更重要的角色，或者说将成为年轻用户所喜欢的大屏幕。如果同时拥有手机、Pad、互联网电视大屏，你会用什么看视频？答案不言自明。从视觉愉悦的角度而言，大屏幕观最有感觉。所以广告的投放目标还是以大屏电视为主，虽然我们仍然可以把手机或 Pad 连到电视屏幕上看。

我们可以重新去定义互联网电视屏幕，其类似于一个户外广告，就像分众把屏幕部署在楼宇里面，而我们则把屏幕部署在家庭里面。它更好地将信息和广告送到了中国城市高收入群体这样一个用户群体中。互联网电视用户以年轻人为主，他们对广告的认知度和受影响度较高，同时其收看场景和购买因素决定了这些用户的属性即所谓的"三高"，不管是收入、日常消费能力还是受教育程度，相对来说都是较高的，并远远高于互联网其他两块屏幕的用户。

受技术和终端的限制，传统电视广告的监测比较模糊，不是实时，针对性也不强。但是互联网电视大屏因为连接了互联网，可以做到实时全样监测，同时还具备互联网海量内容的丰富性，更具备移动互联网受众的精准性。因此广告商选择广告投放目标，不仅仅可以通过时间、地域、频次，甚至可以通过电视机的尺寸、品牌进行锁定，广告主会发现互联网电视大屏的投放方式和效果将越来越好。

可以说，在互联网大环境下，智能电视将成为家庭获取信息的主要来源之一，同时其独有的用户行为分析能力也会受到广告服务提供商的重视，互联网电视必将成为互联网终端的最后一块蓝海屏。

作为国内最早运用大数据技术的科技型广告公司，泰一传媒很早就开始关注互联网电视这块大屏，并非常看重互联网电视所具有的互动电视的传播价值和能力以及今后发展的巨大空间。基于对互联网电视价值理念的趋同认知以及所追求目标的高度一致，泰一传媒和优朋普乐结成了战略合作伙伴关系，积极参与由尼尔森网联等权威研究机构开展的互联网电视发展研究工作。

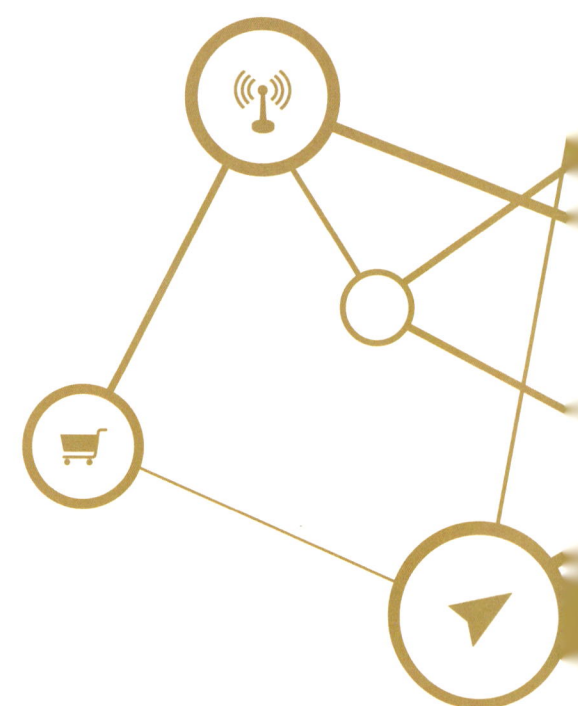

无论技术如何演进,无论人们生活的时间和空间如何变化,于家庭客厅的电视屏幕而言,互动在人们的家庭生活中扮演着重要的角色。而且,随着互联网电视整个"云、管、端"的发展,大屏幕、高清化、智能化、交互化以及更优质的内容、更自由、更个性的收看模式将成为互联网电视吸引用户的重要驱动因素。因此,电视从单向到双向交互的发展过程,就是不断创造新的用户体验的过程,无论是 IPTV、数字电视双向高清还是互联网电视,都在朝着更好的交互体验努力。

—— 优朋普乐科技有限公司董事长兼 CEO 邵以丁

第一部分 宏观篇
2014~2015 互联网电视产业新趋势

全球互联网电视产业：
从迅速增长到生态构建

全球互联网电视产业特性

○ **互联网电视产业保持超过 30% 高速增长**
互联网电视已成为全球视听产业的重要增长点，2014 年全球互联网电视产业保持超过 30% 的高速增长（数据来源：Displaysearch）。
中国智能电视机发展迅速，全国彩色电视机的产量保持 5% 左右的匀速增长。预计 2015 年彩色电视机产量接近 1.5 亿台。以内销比例 55% 估算，内销彩色电视机将达到 7500 万台，其中 80% 以上为智能电视机，预计全年智能电机销量有望达到 6000 万台。

○ **技术发展使用户体验显著提升**
新型显示和人机交互技术快速发展、演进，互联网技术、操作系统、柔性、超高清显示、激光投影显示等技术的快速发展使得互联网电视的用户体验显著提升。

○ **互联网电视的"视听同一性"**
其覆盖家庭大屏的传播统治力特征，以及其逐渐被广大用户认可，基于新兴的 OTTTV/互联网电视得到了各方面的高度重视，统一监管，资本涌入，抢占布局，媒体热炒……互联网电视以及其所代表的互动电视正逐渐接近传统广播电视的市场竞争地位，整个电视市场很可能会迎来下一波发展高潮。

○ **由产品创新向生态体系过渡**
企业发展重心由产品创新向生态体系构建过渡，谷歌、阿里、苹果等国际科技巨头在生态体系建设方面进行前瞻性布局。

2012~2015 年全国彩电生产及进出口产销量　　　　　　　　单位：万台

	2015年（预计）	2014年	2013年	2012年	2011年	2010年
彩电产量	14835	14128.9	12745.21	12823.52	12231.34	11830.03
彩电出口量			5962	6157	6570	6723
彩电进口量			5	3	355	0.431701
彩电内销量	7417	6875.97	6783.21	6666.52	5661.34	5107.03

数据来源：国家统计局工业品产量年报，对外贸易年报。根据近 5 年外销量占比推算。

1.2 中国互联网电视：产业更加理性，进入差异化竞争时代

针对过去一年中部分互联网企业采取"硬件免费，内容和服务收费"的策略，来开发互联网电视市场。进入2015年，OTT TV（互联网电视）的概念由于互联网+的结合，加上国家广电相关政策的监管，产业链各方在寻求突破的同时，开始冷静思考意欲不同程度地回归。一方面，产业链上的各方对自身的优势不断地加丰富和完善：牌照方积极调整合作体制和机制，内容提供方加大自制剧投入，开展独播战略等，终端厂商推出网络版、游戏版、唱歌版等细分功能电视机，另一方面，希望借此形成差异化的竞争优势。

视频服务是竞争焦点

在互联网电视产品面前，带宽、购物、游戏、教育等应用暂时都不如电视视频服务来得更重要、更直接。

而由视频网站行业移植而来的视频服务暂时又不能提供可与传统电视形成明显差异的内容应用。

> "2014~2015年互联网电视产业内的各方面调整其实是比较大的，最大的变化是开始去泡沫化，资本其实更加活跃和冷静。"
>
> —— 中广格兰董事长 曾会明

> "我们这种企业就是纯粹做电视终端的……创维、酷开，我们在功能开发上、技术上是很强的，但这些开发、研究、尝试，终究是为了卖出电视机。"
>
> —— 创维酷开董事长 王志国

1.3 中国互联网电视产业发展：用户增长快，激活率提升

（一）从优众到大众，互联网电视用户规模不断增长

2015年是用户增长最快的一年，专家表示，整个互联网电视行业的用户实现了100%的增长，预计2015年活跃用户在2700~3000万之间。

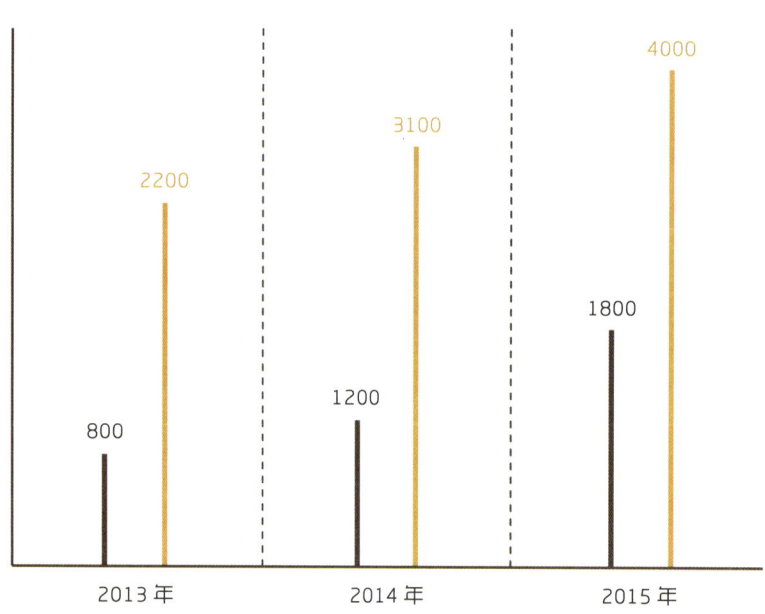

2012~2014年国内互联网电视终端出货量（万台）

智能电视　盒子

数据来源：《2015年互联网电视典型用户深度访谈与观察》
（北京、上海、广州、成都4个城市，20个典型家庭）

（二）互联网电视用户激活率在提高，进一步激发了互联网电视的产业链变化

互联网电视的激活率在 2013 年至 2015 年间呈现出加速增长的状态，2015 年，业内专家普遍认同激活率的数据已经提升到 80% 左右。而从用户访谈来看，有了互联网电视之后，用户黏性明显在提升。

行业观点：激活率明显提升

"互联网电视的黏性不是特别高，互联网电视激活率大概只有 45%，而激活率当中的活跃用户比例不到 30%。"

—— 2013 年，TCL 集团董事长兼 CEO 李东生，来自公开资料

"在 2015 年，创维集团电视机的网络（应用）激活率在 80% 以上，基本代表了整个电视机行业的水平。"

—— 创维酷开董事长 王志国，来自本次访谈

用户行为反馈：点播行为增加

"原来我们家主要是看有线电视，换了现在的 50 寸的智能电视机，我主要是点播电影看，我爸妈家的电视买得早，也能上网，但是当时操作不方便，网络资源少，电视机的屏幕也没现在大，跟电脑上看到的效果差不多，所以之前基本没用过点播。"

—— 上海，男，34 岁，技术人员，三口之家

数据来源：《2015 年互联网电视典型用户深度访谈与观察》
（北京、上海、广州、成都 4 个城市，20 个典型家庭）

（三）互联网电视"新增用户"特征明显，很多都是最近一年购买

"我家的电视是创维的。"
——上海，男，21岁
学生，三口之家

"家里电视是 TCL 的。"
——北京，女，48岁
老板，两口之家

"家里新买的互联网电视很不错。"
——广州，男，30岁
物料计划员，三口之家

"家里两个电视都是互联网的，一个是三星的，一个是联想的，联想电视是今年新买的。"
——北京，女，34岁
旅行社总经理助理，三口之家

"今年年初换的是长虹电视，现在我们小区内的邻居好像都是用互联网电视了，大部分是最近一两年新换的。"
——成都，女，30岁
贸易进出口经理，五口之家

"最早是在2012年我们家买了一台电视机，说是能上网，但是当时不知道怎么联网，就没在意，还是主要看看电视台的节目。"
——成都，男，46岁
职员，五口之家

数据来源：《2015年互联网电视典型用户深度访谈与观察》
（北京、上海、广州、成都4个城市，20个典型家庭）

（四）互联网电视用户开启点播时代

中国互联网电视发展研究课题组开展的针对互联网电视典型用户的深度访谈研究发现，虽然有一半左右的用户使用电视直播作为通常获取节目资源的方式，但是在互联网电视用户的观看总时长中，有 70% 左右的时长是用来观看点播节目的，电视直播节目仅占互联网电视观看总时长的 30% 左右。

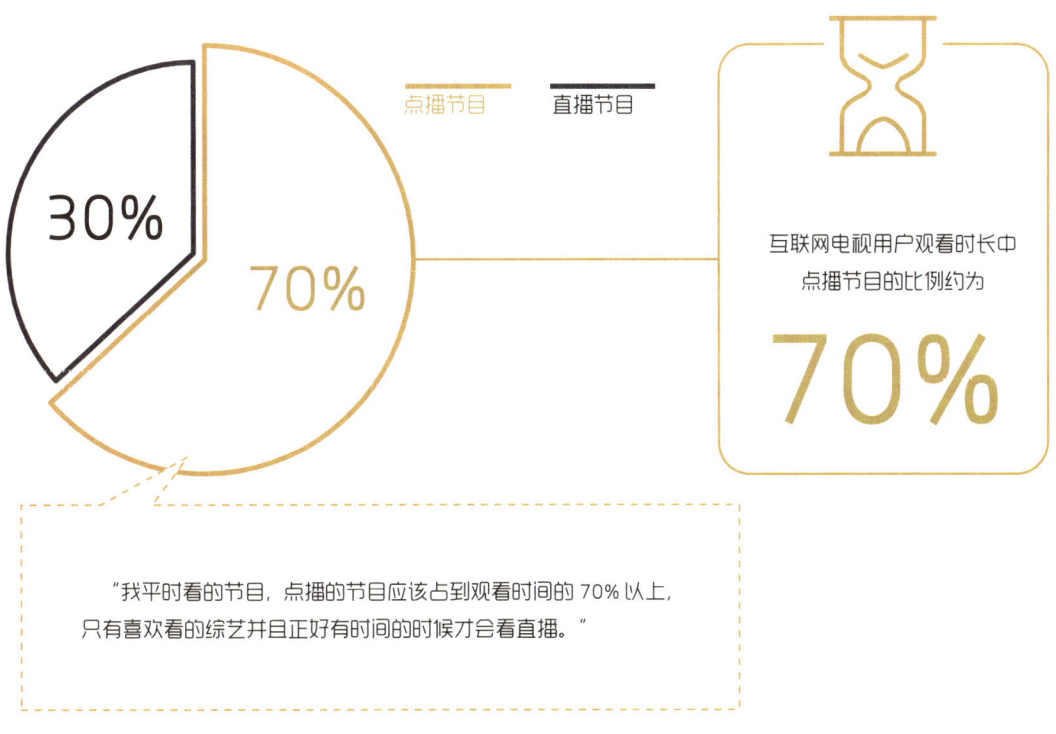

"我平时看的节目，点播的节目应该占到观看时间的 70% 以上，只有喜欢看的综艺并且正好有时间的时候才会看直播。"

数据来源：《2015 年互联网电视典型用户深度访谈与观察》
（北京、上海、广州、成都 4 个城市，20 个典型家庭）

互联网电视生态圈走向成熟，融合发展态势显著

客厅的互联网革命，就是互联网对传统电视生态的渗透，就是传统电视与互联网的融合。

传统电视的生态链是由电视机厂商、内容生产商、电视台、传输渠道有线网络和广告公司构成的封闭产业链，而互联网的发展改变了这个生态链，互联网电视的主要特征就是"跨界融合"。

这种跨界和融合主要体现在产业参与者之间的融合：原有的封闭产业链被打破，通信、电视机制造、终端生产商、视频网站纷纷进入电视行业，重构了产业链，新的参与者进入，延伸出新的商业模式。相比传统电视而言，互联网电视的产业链更长，在这种背景下，新的互联网电视生态圈，正在形成。

互联网电视产业发展生态圈"蜂巢"模型

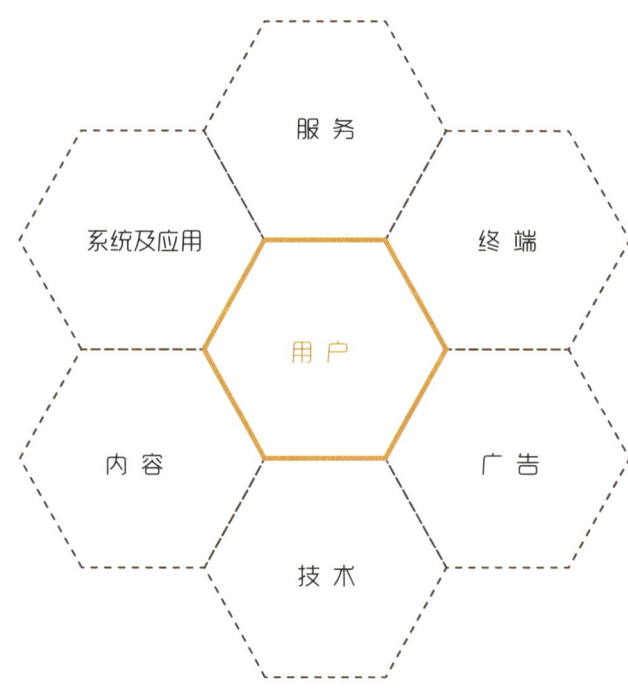

互联网电视"蜂巢"生态圈
各方互相影响、和谐共生

互联网电视产业发展的蜂巢生态圈模型扩散图

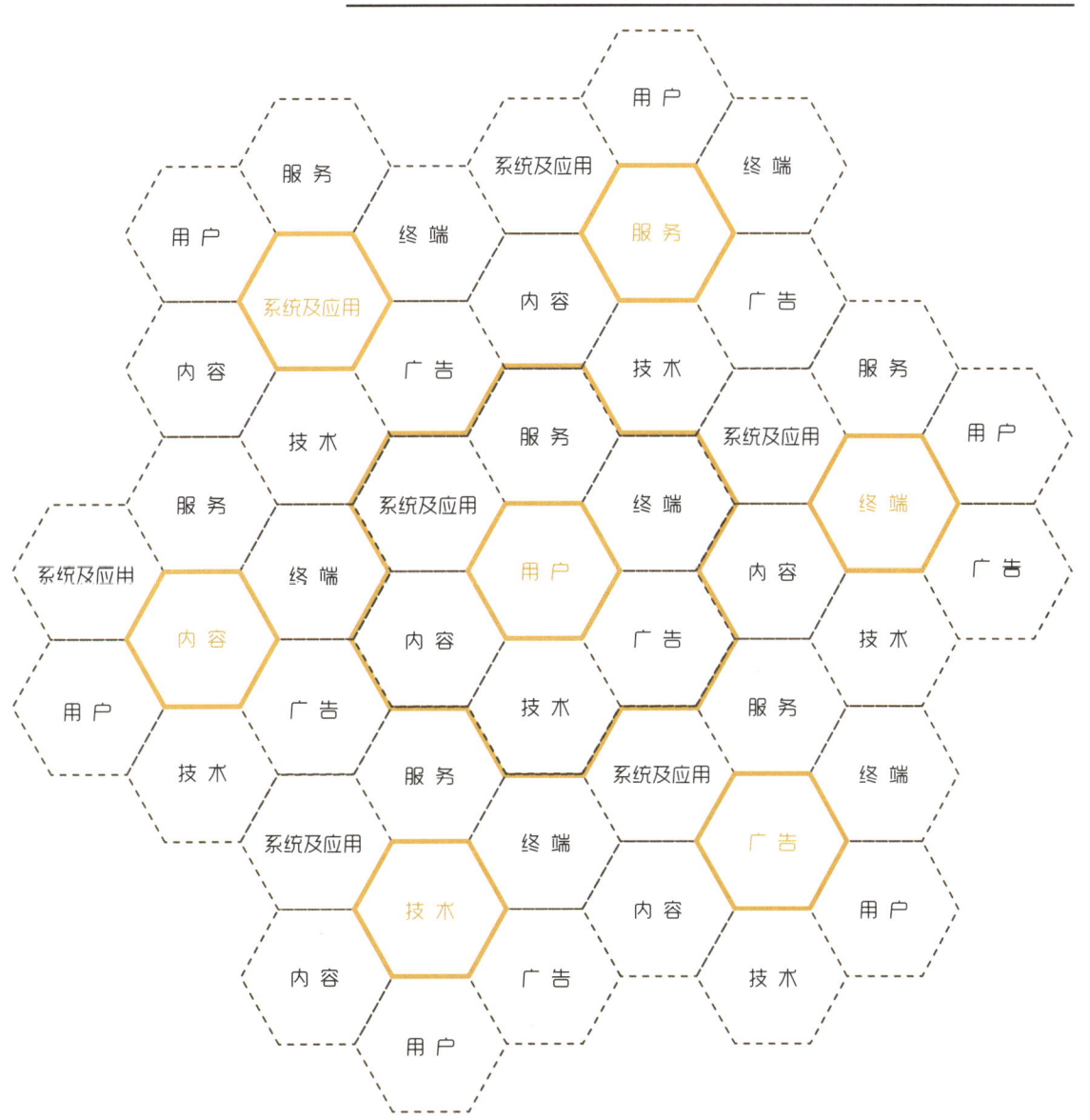

1.4.3 互联网电视"蜂巢"生态圈概念阐释

项目	内容
用户	通过智能电视或盒子在互联网上付诸视频点播、游戏、电视直播等行为的人群。
技术	为互联网电视产业的发展提供支持的软件技术和硬件技术。软件技术包含互联网技术、网络传输技术、影音软件技术等;硬件技术包含显示屏制造技术、曲面屏幕技术、3D技术等。
终端	互联网电视产业的终端一般分为智能电视、各种盒子、微型投影设备等能够直接播放或支持播放视频节目的硬件设备。
操作系统与应用	操作系统管理和控制智能电视硬件与软件资源的程序,是直接运行在"电视裸机"上的最基本的系统软件,任何其他软件或应用都必须在操作系统的支持下才能运行。互联网电视的应用目前仍然是以安卓为核心设计的各种应用程序。这些应用程序安装方式分为两种:一种是直接通过电视机厂家预装;另外一种是用户通过互联网下载到电视机上。目前互联网电视的应用主要分为视频、新闻资讯、音乐、教育、游戏等类别。
服务	为用户提供的互联网电视服务,包含网络传输优化、电视电商、服务卡、呼叫中心、节目推荐、内容互动等。
内容	通过互联网从电视点播观看的视频和传统电视直播节目一般都是互联网电视的内容;如果延展分析,所有能够通过电视屏呈现的节目都可以称为互联网电视的内容,例如游戏、教育等内容。
广告	通过互联网传输,在电视终端上投放的广告。

互联网电视生态圈解析之"内容":视频内容是刚需

用户深度访谈显示,用户在描述互联网电视吸引自己的原因的时候,大部分答案都与"内容"相关。视频是互联网电视中呈现的重要内容,要想用好电视和玩好电视,必须首先满足用户"看视频"这一刚性需求。

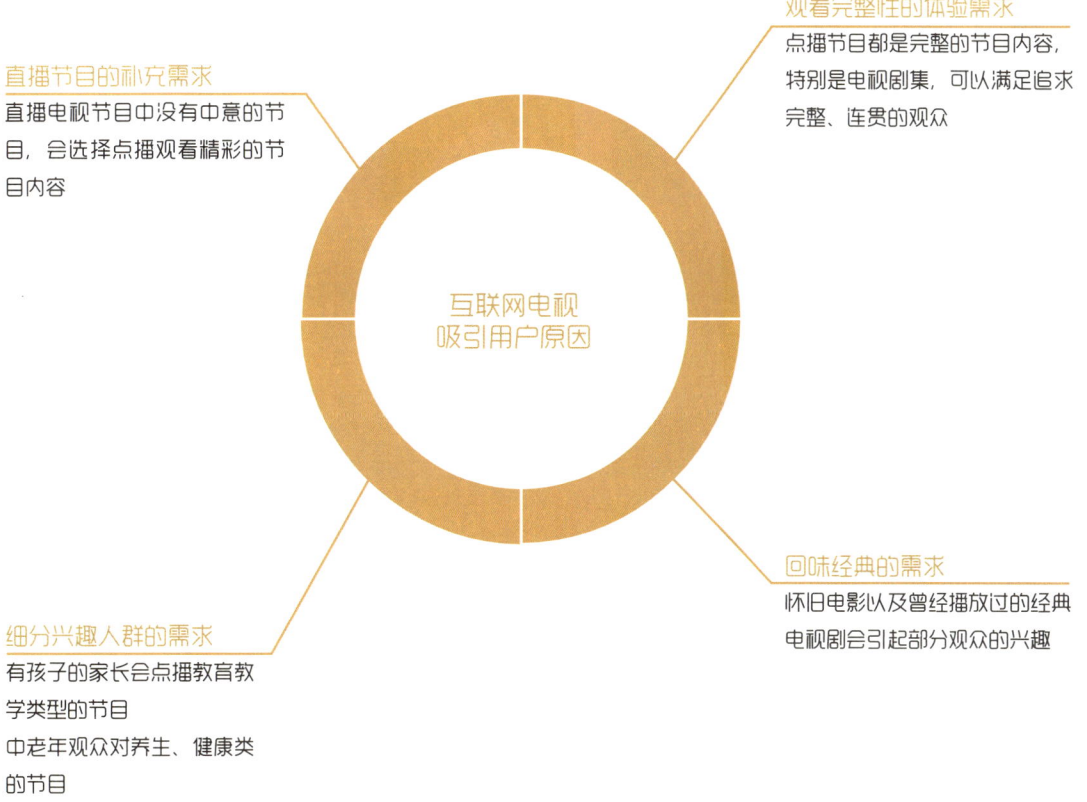

数据来源:《2015 年互联网电视典型用户深度访谈与观察》
(北京、上海、广州、成都 4 个城市,20 个典型家庭)

内容成为购买终端的重要影响因素之一

智能终端已是一片红海,大中小品牌在硬件、定价和营销上的升级比拼已经近乎极致,而影响消费者购买决策的因素却只增不少。当互联网电视生态圈逐渐形成之时,内容在一定程度上便会影响消费者的终端购买决策。

"现在的平板(液晶)电视基本上都可以联(互联)网,各个品牌里面都安装了影视应用,可以点播看片子。"

——广州,男,30岁
物料计划员,三口之家

"我选创维电视的一部分原因是导购说可以点播看好莱坞大片。"

——成都,男,46岁
职员,五口之家

数据来源:《2015年互联网电视典型用户深度访谈与观察》
(北京、上海、广州、成都4个城市,20个典型家庭)

1.5.3 互联网电视内容的需求：丰富、小众、精品、同步

用户们认为，相比网络视频，互联网电视上的内容丰富性还不够，"丰富性"和"长尾需求"依然是关注点。同时，精品化、小众化、大片的同步化播放也是互联网电视需要关注的需求

丰富化
"现在能从电视上观看的互联网视频数量还是相对较少，类型也不够丰富，经常我找不到我想看的片子。"
—— 上海，男34岁，技术人员，三口之家

小众化
"我喜欢看纪录片，特别喜欢看荒野生存类的，可能是比较小众的原因，这种节目比较少。"
—— 北京，女22岁，教师，三口之家

内容需求

精品化
"以前看电视的时候，经常是看一个电影看到一半就看不下去了，浪费时间影响心情，我希望能多一些精品节目，例如奥斯卡奖专题的。"
—— 广州，男53岁，人事主管，三口之家

同步化
"电影院最新上映的大片，现在互联网电视上还不能同步观看，总是要比电影院晚一小段时间。"
—— 上海，男21岁，学生，三口之家

"未来我们也会投入内容的制作领域，但是不会着眼于大综艺的自制，而是一些相对比较小众的精品内容，比如美食、旅游类节目，我们也希望可以在互联网电视平台上输出这些内容。"

—— 剧星传播董事长 查道存

数据来源：《2015年互联网电视典型用户深度访谈与观察》
（北京、上海、广州、成都4个城市，20个典型家庭）

"内容推荐"与"用户推送"变得越加重要

与互联网视频收看习惯有明显差异的是，互联网电视用户在应用互联网电视前期，以主动搜索或分类查询为主，但一旦习惯后，影片海报位推荐以及影片关联推荐则成为他们主要的内容选择方式。

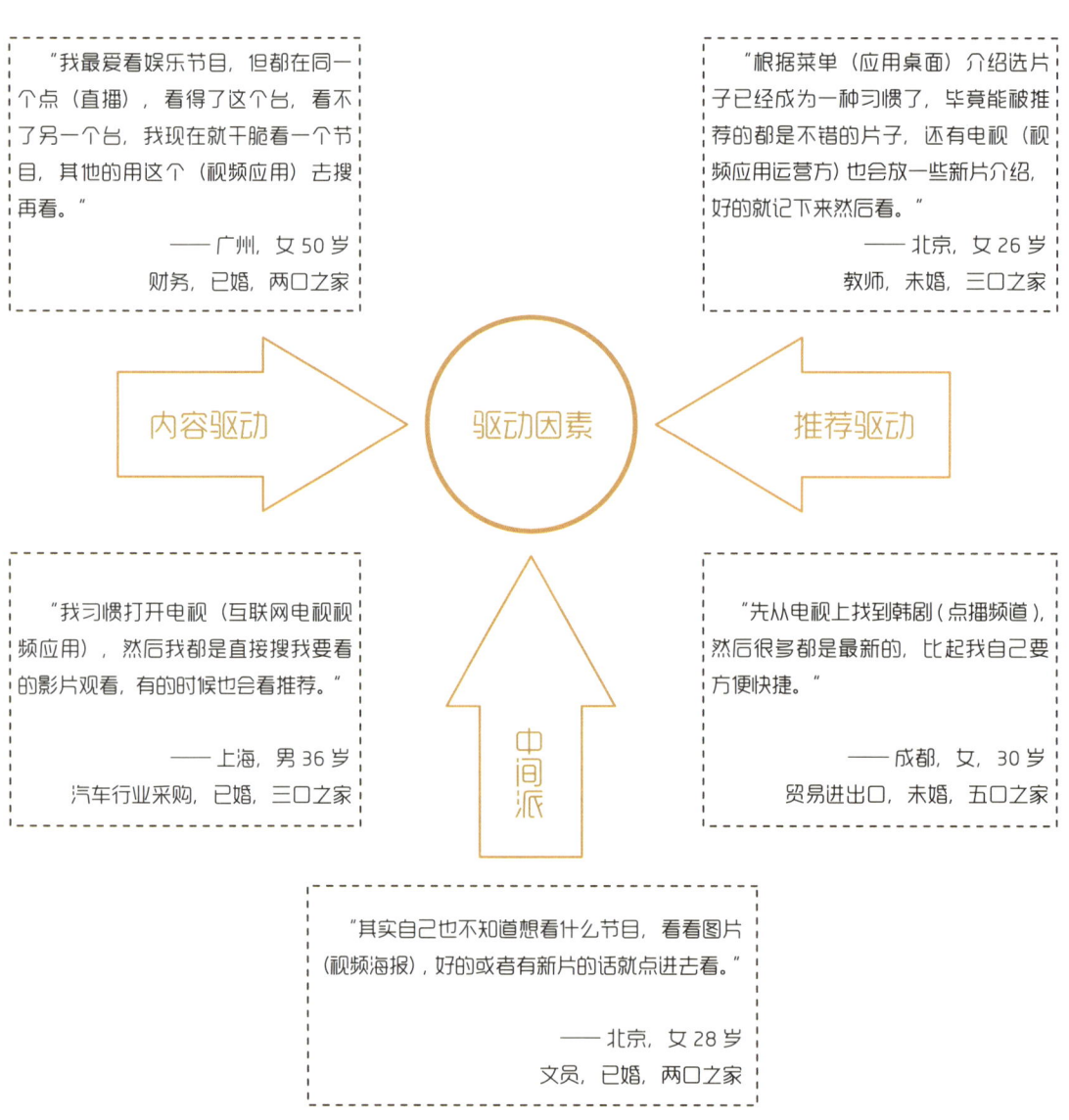

数据来源：《2015年互联网电视典型用户深度访谈与观察》
（北京、上海、广州、成都4个城市，20个典型家庭）

1.6.1

互联网电视生态圈解析之"技术":技术创新是推动互联网电视向前发展的核心基础和动力

技术创新是推动互联网电视不断向前发展的核心基础和动力。互联网电视经过近几年来的高速发展,其满足互联网电视基础运营的支撑技术,包括保证业务正常运营的集成播控平台、传输分发网络、终端运营系统、内容服务平台,以及安全保障等关键技术已渐成体系。"

> "单就纯粹的技术而言,技术层面其实对于互联网电视来说已不是一个特别新鲜的事儿了。"
>
> —— 优朋普乐产品开发中心总经理 黑维炜

互联网电视作为一种服务家庭用户的电视播出形态,强大的技术体系支撑是其作为新媒体的一大显著特征。互联网电视技术所涵盖的范围已遍及互联网电视产业的各个链条,从最底层的芯片升级,到直接面对消费者的电视终端高清化,而基于大数据挖掘的视频推荐以及竞价购买的广告交易平台、内容运营、广告销售甚至广告投放监测系统,也都是技术创新的巨大贡献。一个明显的现象是,传统的广播电视类媒体的从业人员大多为内容编辑制作人员,而互联网电视的从业人员则大多为技术开发人员。

在国家宽带战略的基础上,预计未来互联网电视技术仍将起到引领创新的作用,并以满足互联网电视的商业追求为方向,视频编码会进一步提高压缩效率,终端设备将向更好地满足视听体验的高清、高分辨及智能化方向发展,大数据将进一步适应内容运营以及广告运营的智能推荐和自主推送,以满足用户的需求。而技术创新面临的最大的挑战将来自"交互能力"的提升。

> "(技术的发展方向)可能(满足)交互会更多一些,整个行业里的人,大家都有一个共识,就是说电视这块屏的优势是用户价值高,用户的使用时长都很大,但是缺点也特别明显,就是交互不好。"
>
> —— 优朋普乐终端营销中心总监 罗可心

数据来源:《2015年互联网电视典型用户深度访谈与观察》
(北京、上海、广州、成都4个城市,20个典型家庭)

1.6.1

互联网电视生态圈解析之"技术":技术创新是推动互联网电视向前发展的核心基础和动力

高清化 —— 高清已经不能满足,4K 走入普通家庭。

> "大概在去年的时候,我还只是从新闻上看 4K 电视的信息,没想到技术发展这么快,今年我已经买到家里了,效果真好,就是在线的片源还比较少。"
> —— 北京,女 48 岁
> 老板,两口之家

大屏化 —— 从球面到液晶电视,屏幕越来越薄,主流尺寸从 40 寸到 50 寸,屏幕越来越大、边框越来越窄。

> "我们家、我邻居家、我男朋友家都是 50 寸的电视,现在对比觉得 40 寸的太小了。"
> —— 成都,男,36 岁
> 物流,三口之家

职业技术 —— 语音识别、手势识别、肢体语言识别,识别技术为互联网电视的发展提供了无限可能。

> "我现在的 XBOX 就能识别我的身体语言,手机能识别我的语音。我希望电视也能实现这些识别技术,我就可以摆脱遥控器了!"
> —— 广州,男,30 岁
> 物料计划员,三口之家

数据来源:《2015 年互联网电视典型用户深度访谈与观察》
(北京、上海、广州、成都 4 个城市,20 个典型家庭)

1.6.2 互联网电视生态圈解析之"技术"：新技术让互联网电视的沉浸感增强

用户深度访谈显示，在沉浸感方面，互联网电视已经达到了与传统电视相当的水平。更逼真、沉浸感更强的电视画面质量，例如全高清电视、4K/8K 超高清电视、全高清/4K 技术等等都是增加沉浸感的核心技术驱动因素。

> "我最喜欢的就是用我们家 55 寸的大电视看 4K 电影，特别是科幻的，特别过瘾，跟电影院的感觉差不多。"
>
> ——广州，男，31 岁
> 物料计划员，已婚两口之家

> "我现在都觉得自己有点'宅'了，坐在沙发上，看片（电影），都不怎么去电影院……"
>
> ——上海，女，26 岁
> 文员，未婚两口之家

数据来源：《2015 年互联网电视典型用户深度访谈与观察》
（北京、上海、广州、成都 4 个城市，20 个典型家庭）

1.7.1 互联网电视生态圈解析之"终端":更多元、更智能、更时尚

(一) 从"盒子开会"到"盒子入柜",互联网电视逐渐成为客厅主流

最早的互联网电视的引入家庭,基本以互联网电视机顶盒为主。互联网电视机顶盒外观精美,操作简单,且具有较强的时尚感,因而仍然拥有较广泛的市场。一方面互联网电视机顶盒强大的 DIY 能力(应用下载与更新)对于此前习惯使用 PC、Pad 的用户具有较强的吸引力,特别是时尚人群、数码一族。另一方面,对于此前已接入其他类型机顶盒(有线电视、IPTV)的用户而言,互联网电视机顶盒安装简便,操作灵活,内容更丰富,交互更亲和,功能更强大,因此,逐渐替代了其他类型的机顶盒。部分用户家里的其他各种机顶盒开始被收进柜子里。从"盒子开会"到"盒子入柜",互联网电视机顶盒逐渐成了用户客厅的主流。

伴随着互联网电视行业的发展,电视机制造厂家纷纷转向生产智能电视,以求通过切分互联网电视的市场获取更大的利润空间。

(二) 互联网电视机呈现更一体、更多元、更智能的趋势

多功能一体化	产品细分化	产品多元化
多功能一体化成为互联网电视终端的趋势,多屏互动、多屏控制、本地多媒体播放、网页浏览、体感游戏、应用下载等功能都已经出现在互联网电视上	根据不同的人群定义电视机,例如偏重游戏功能的电视机、无遥控器的网络电视机	电视机单品的数量越来越多,电视机更新换代的频次越来越密,产品的型号越来越多

> "互联网电视终端(我们称为客厅经济的载体)分为两个大类:一类是电视一类是盒子。电视比盒子的价值大很多,这是因为买盒子的人群,大部分都是相对比较互联网化的群体,买盒子大多是为了寻找一些免费的资源,而智能电视的购买者以中青年人居多,他们比较重视品牌,所以电视比盒子要更有价值。"
>
> —— 创维酷开董事长 王志国

1.7.2 互联网电视生态圈解析之"终端"
50寸大屏成为互联网电视主流标准

前几年,在中等尺寸屏幕中,46寸曾是一个主流尺寸,因为切割该尺寸的面板能够实现利益最大化。随着切割工艺的提升,减少了边角料的浪费,原本46寸最为经济的切割方法被逐步提升至47寸、48寸;而今,随着切割工艺的进一步提升,50寸已经成为面板供应商的主流尺寸。

主流面板供应商在中等尺寸屏幕上以切割50寸为主,这决定了家电生产商也将主打50寸电视,46寸、47寸、48寸这些尺寸将会从市场上逐渐消失。也就是说,用最新技术切割出来的50寸液晶面板在成本上与46寸相差无几,而多出来的几寸却让消费者得到了实惠。预计随着切割工艺的提升,这种实惠的50寸液晶电视将大量上市,50寸大屏将成为互联网电视的主流标准。

> "我们家原来的都是40寸的电视,今天都换成了50寸的,大了很多,也很清晰。"
> —— 北京,男,26岁
> 副总经理,三口之家

> "电视是2014年底买的,大概是3000多,50寸的还是窄边的,很漂亮,价格实惠。"
> —— 成都,男,25岁
> 游戏策划,四口之家

数据来源:《2015年互联网电视典型用户深度访谈与观察》
(北京、上海、广州、成都4个城市,20个典型家庭)

互联网电视生态圈解析之"终端"
收看场景更多元

互联网电视陪伴下的家庭生活场景扫描

互联网电视开始渗透到卧室	多台互联网电视并存的形态出现	盒子+智能电视组合的模式满足不同需求

"我们家客厅是数字电视，卧室的是互联网的，通常坐在沙发上看累了，就回屋躺着看。"	"我家里两台电视都是互联网的，我平时喜欢看一些比较关注的娱乐、生活资讯。"	"我屋子里是互联网电视，我平常喜欢看电影，爸妈屋子里是机顶盒，他们喜欢看一些家庭剧。"
——广州，男，45岁 洋酒销售商 五口之家	——成都，男，46岁 职员，五口之家	——成都，女，30岁 贸易进出口，五口之家

数据来源：《2015年互联网电视典型用户深度访谈与观察》
（北京、上海、广州、成都4个城市，20个典型家庭）

1.8.1 互联网电视生态圈解析之"系统与应用"：操作系统自主开发趋势明显，试图抢占入口

现在的互联网电视操作系统大部分都以安卓系统为基础进行开发，由于各电视机企业之间的系统标准不统一，以及兼容性方面的不成熟，加上监管的需要，国家新闻出版广电总局组织广播科学院和外部研发机构共同研发完成的TVOS国产智能电视操作系统目前正在进一步推广中，而互联网企业以及各个电视机厂商也在进行操作系统的开发。掌握操作系统加剧了上述机构对用户入口的争夺。

同时，操作系统的优化以及界面友好性、操作易用性、应用兼容性、用户熟悉度、系统扩展性等等成为关注点，智能引擎及内容聚合能力成为主要的开发方向。

互联网电视生态圈解析之"系统与应用"：OTT 为应用市场打开一个新的入口

自 PC 和移动端出现之后，伴随着互联网电视产业的发展和互联网电视用户的激增，在互联网电视上的各种应用也越来越丰富。

通过对沙发管家、当贝、奇珀等应用市场的下载量进行综合分析，我们发现影视类应用是当前的主流下载应用。分析显示，影视类应用前 50 名的下载量均超过 50 万，超过 500 万的占 10%，400 万~500 万之间的占 20%，在前 50 名的影视类应用中超过 400 万下载量的应用接近三分之一。游戏类应用的下载量相对较小，在前 50 名的电视游戏应用中 80% 下载量在 50 万以下。

影视类电视应用年下载量分布（TOP50）

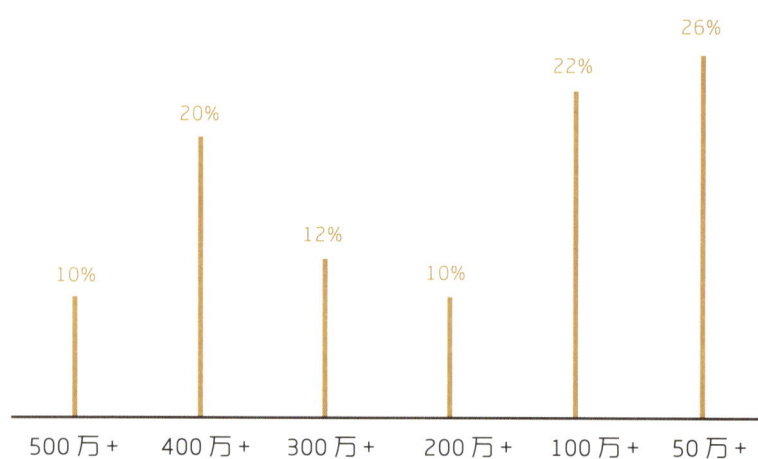

1.8.3 互联网电视生态圈解析之"系统与应用"：OTT应用还需"为大屏深度定制"

互联网电视应用发展的第一阶段是带着纯互联网形态切入电视，将所有手机上的应用全部复制到电视机上。目前，第二阶段正在启动，表现在两个层面：首先，越来越多的电视机厂商和应用程序的设计团队进行合作，专门针对移动端的APP进行适应电视用户的各种优化；其次，复杂的应用简单化，二次开发的趋势愈加明显。

从整体上看，目前应用的设计团队在适配客厅的大屏场景的设计上还有所欠缺，市场上还缺少能够在用户中形成爆发式增长的互联网电视应用。

"因为互联网电视的操作系统大部分也跟手机一样，视频、游戏、教育等这些在安卓操作系统上的大部分应用都已经在手机端开发过了，在互联网电视上需要二次开发，针对电视进行应用的优化。"

—— 优朋普乐产品中心总经理 黑维炜

数据来源：《2015年互联网电视典型用户深度访谈与观察》
（北京、上海、广州、成都4个城市，20个典型家庭）

1.9.1 互联网电视生态圈解析之"服务"：服务产业链延伸，服务内容增加

互联网电视的出现，改变了整个互联网电视的服务模式，使互联网电视服务从之前的以销售服务为主，延伸到销售之后的内容服务、会员服务、个性化导视推荐等，从一次性的买卖服务变为持续性的服务。

传统电视服务

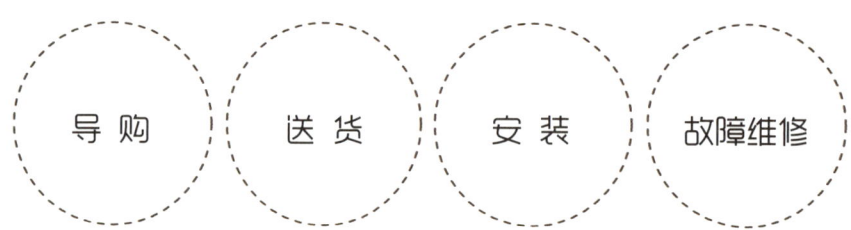

互联网电视服务

1.9.2 互联网电视生态圈解析之"服务"：从 B-B-C 到 B-C-B，多个维度提供用户服务、抢占用户资源

互联网企业通过生产电视机等方式直接服务于互联网电视用户，传统电视厂家已经开始使用自主开发的操作系统，并通过控制用户登录等方式抢占用户数据。互联网电视服务商以往主要对终端服务，需要尽快向用户服务方式转变。加强用户服务、抢占用户资源是互联网电视服务商需要关注的焦点。

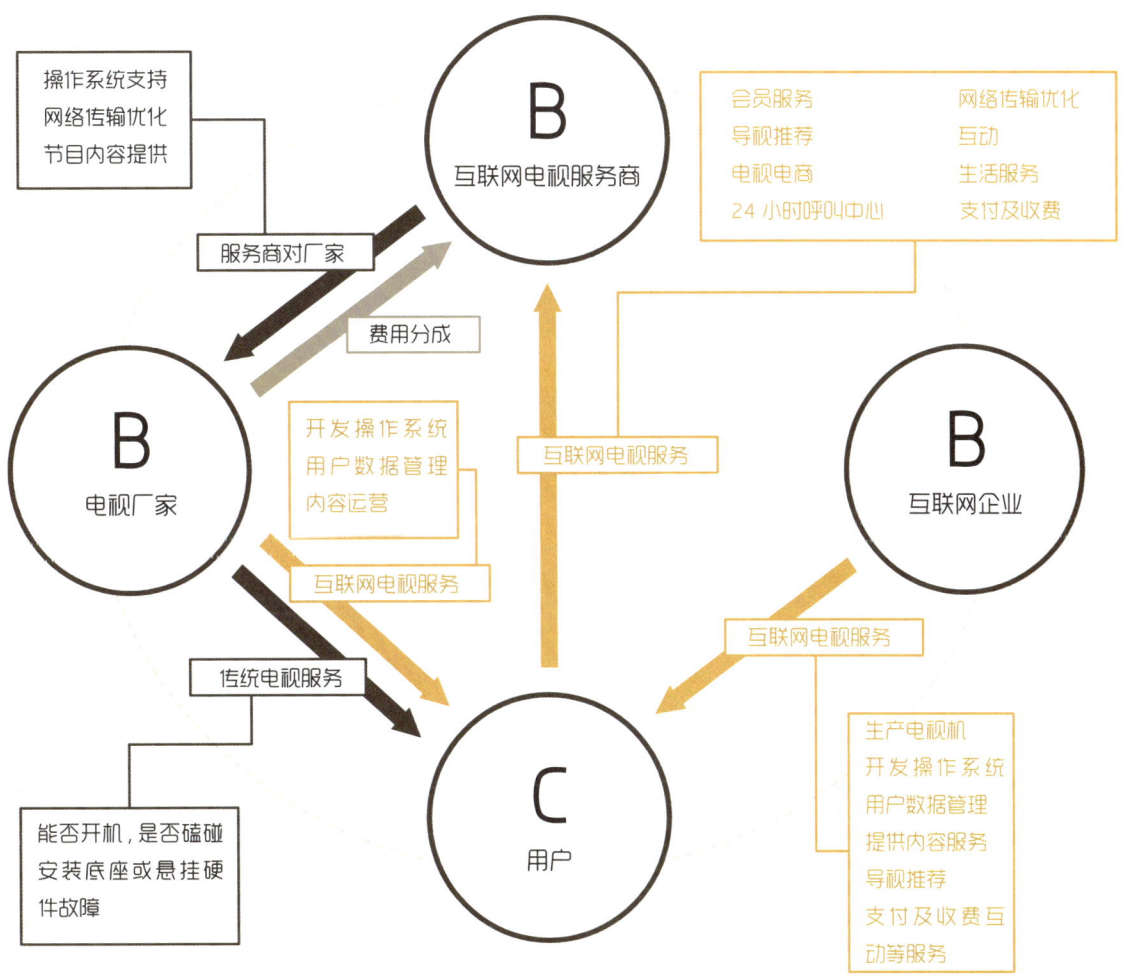

1.10.1 互联网电视生态圈解析之"广告"：OTT 电视广告受到青睐，商业模式正在形成

互联网电视作为电视和互联网的混血儿，在亲代细胞融合的瞬间，携带着双方的优质基因延续了其媒体属性，自然而然地，媒体的信息制作、发布功能也得到了延续。广告作为互联网电视可预期的商业模式，得到了业内外的普遍认同。2014 年，优朋普乐联合尼尔森网联推出了全国首家互联网电视专属广告平台，在业内率先开始了互联网电视广告的运营。电视机天然的大屏幕优势以及智能电视对比传统电视业务的高速发展，已然吸引广告界的更多关注，互联网电视广告的发展将迎来关键之年。

> "互联网电视这块屏幕因为其基因就是互动联通的，所以，其营销价值也是非常巨大的。比如进入到点播内容界面，那主动点播之下的贴片广告也是观众的必然收视路径，这一点的营销价值原理与在线视频网站相同。但是由于家庭电视机的大尺寸屏幕带来的大海报视觉体验，以及家庭收看的群体收视效应，这是有别于 PC 端收看的单人体验，营销价值将呈几何倍数地增长！"
>
> —— 泰一传媒董事长 江有归

> "互联网电视这个媒体，最强的能力就是品牌推广曝光。这个能力非常强，比其他媒体强得多。互联网电视广告是大屏广告，完整的休闲时光，相对干净的广告环境，有很强的视觉冲击力。这些都是互联网电视广告的优势所在。"
>
> —— 上海剧星传播董事长 查道存

1.10.2 互联网电视生态圈解析之"广告":广告产品技术成熟,用户标签系统亟待完善

互联网电视提供海量的视频内容,用户按需求任意选择要观看的节目。互联网电视在延续媒体属性的同时,自然还是有互联网的互联互通特征。从广告产品的角度,互联网电视广告的表现形式即广告产品本身,其表现形式已实现甚至超越了互联网视频的广告产品,同时也远比传统数字电视丰富。

> "互联网电视广告产品也伴随着技术的进步,从满足点播用户的视频广告影片推送发展到以消费者为核心的可定制、可寻址、可交互、可链接的多种新电视广告服务。"
> —— 优朋普乐副总裁兼广告运营中心总经理 韩怡冰

> "我个人很期望能看到,互联网电视在提示卡(静态广告)或是帖片广告的购买中能融入程序化购买,或是原生内容的广告,应可以创造出更不同的价值。"
> —— 安索帕中国区媒介管理合伙人 黄敏尉

身处跨屏时代,互联网电视必然融入跨屏展示的程序化广告投放的主流。相比移动媒体、楼宇广告、智能硬件、可穿戴装备,以及家庭互联网中的电脑、手机、Pad、电视所具有的大屏、全屏优势将成为未来 DSP 广告的重要组成部分。

在拥有了可满足多种投放需求的广告产品后,随着互联网电视用户的标签化进一步丰富完善,互联网电视广告的 DSP 必将走向成熟。就目前而言,互联网电视用户的标签系统是互联网电视广告 DSP 的发展亟待完善的方面。

> "DSP 最大的意义在于,同一个广告位,同样的时间点,不同的人是不一样的,我可以根据不同标签的人群进行分别投放。但是在目前的互联网电视行业做起来,首先它要标准化,只有有了标准化的接口、协议,才能促成这种事情发生。"
> —— 安索帕中国区媒介管理合伙人 黄敏尉

基于互联网电视生态圈发展的价值变现热点：
电影同步与赛事/演唱会直播有较大潜力

互联网电视的产业链较长，一方面，电视服务提供商能购买到最新电影的首映权，使人们在家里就可以直接通过电视机看到与电影院同步的最新电影的首映。另一方面，影视剧的制作方也希望能加入到互联网电视的产业链中，利用互联网电视的大屏为影视剧增加收入。因此，未来互联网电视与热映大片同时首映的情形会出现。此外，符合"直播"特性的演唱会、体育比赛等都在互联网电视屏幕上有较大的机会。

> "我喜欢看电影，但是去电影院需要时间，经常赶不上，但是家里又找不到最新的大片。很期待以后能在家里通过电视观看最新电影的同步首映！"
>
> ——广州，女，25岁文员，四口之家

基于互联网电视生态圈发展的价值变现热点：
OTT 电视游戏将成为预期的增量市场

电视游戏的蓬勃发展让 OTTTV 产业仿佛迎来了温暖的春天。相关数据显示，2017年中国电视游戏行业整体规模或超 300 亿，国内电视游戏终端潜在需求或在 2000万台左右。电视游戏市场的潜在需求将以不低于每年 20% 的速度增长。

一款成功的电视游戏应包括家庭娱乐理念健康、社交性强、多屏互动和道具收费等特点，这离不开上游芯片厂商，中游交互技术厂商和下游整机厂商的协作与支持。只有众多电视游戏参与者密切合作、集中发力，电视游戏才有望成为 OTTTV 产业的潜在增量市场。

基于互联网电视生态圈发展的价值变现热点：
OTT 大屏幕在线教育蕴藏商机

2015 年，国内民办教育市场的规模约为 6000 亿人民币，其中五分之一的市场规模便归为"在线教育"，约为 1200 亿人民币；2015 年，民办教育市场的增长率约为 15%，而在线教育的年复合增长率约为 19%，超过民办教育市场的平均值。以碎片化的学习时间、场景化的学习氛围，个性化的学习目标和成长路径为特色的在线教育，在职业教育市场供需明显失衡的今天，蕴藏着广阔的市场空间，电视大屏成为新的在线教育平台。

> "我一直迷恋跳舞，但是现在工作很忙，报培训班的话，价格比较贵不说，而且比较浪费时间。如果能在电视上学习舞蹈就好了，可以反复练，而且电视大屏比电脑学起来更真切了（可以观察细节）。"
>
> —— 成都，女，25 岁，白领，三口之家

中国网民在线教育接受程度 / 付费意愿与学习方式

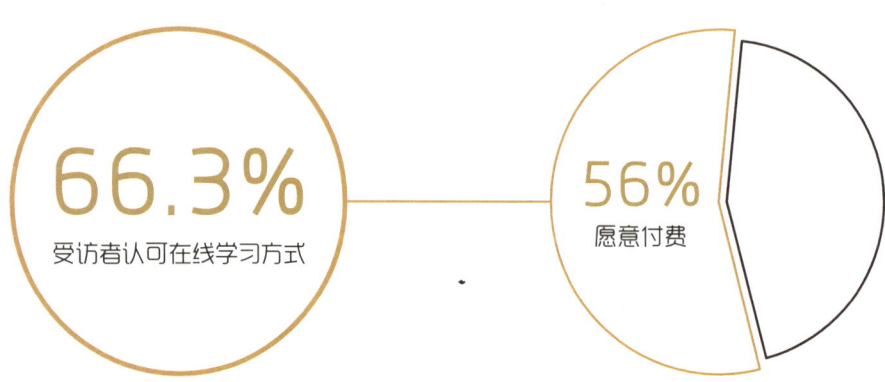

66.3% 受访者认可在线学习方式

56% 愿意付费

数据来源：网易教育发布的《中国在线教育趋势研究报告》，N=3453。

互联网电视带来的大屏的沉浸体验和共享特点让电视这个终端的角色的重要性再次回归，在此基础上，细分出来的个性化的内容族群、陪伴式收看的场景等等，都成了互联网电视商业变现可以挖掘的要点。

—— 趋势观察家，知萌咨询机构 CEO 肖明超

第二部分 价值篇
2015 互联网电视家庭收视场景新时代

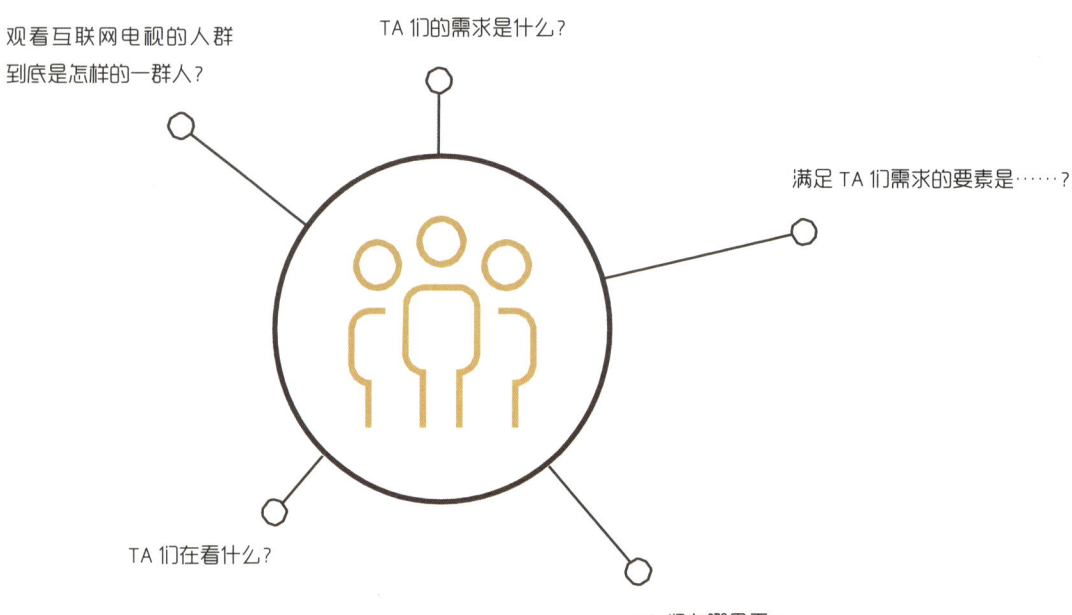

变迁 1：用户对互联网电视利用率高，活跃度增加

看互联网电视已经成为人们日常生活中一种非常重要的休闲娱乐方式，它意味着一种愉悦、轻松的生活方式。

互联网电视不仅仅是一种休闲方式，在很多人的生活中，互联网电视更是与家人交流情感的不可或缺的工具之一。

互联网电视已经成为我生活中的必要部分。

> "每天只要在家有空的时候都会打开互联网电视，这已经变成一种生活习惯。"
> —— 北京，男，31 岁
> IT，三口之家

> "互联网电视不但是我平时打发时间的方式之一，重要的是观看体验很好。"
> —— 成都，男，46 岁
> 职员，五口之家

> "互联网电视给生活添加了很多乐趣，我觉得看电视还能调节我的心理。"
> —— 成都，男，36 岁
> 物流经理，三口之家

> "只有看电视的时候可以让我和家人在一起，其他设备都不行。"
> —— 广州，男，53 岁
> 人事主管，三口之家

> "每天回家的时候，家里的电视都开着呢，孩子喜欢看。"
> —— 广州，男，30 岁
> 物料计划员，三口之家

> "互联网电视在我们家的利用率非常高，每个人都看。"
> —— 广州，女，25 岁
> 文员，四口之家

数据来源：《2015 年互联网电视典型用户深度访谈与观察》
（北京、上海、广州、成都 4 个城市，20 个典型家庭）

丰富内容和优质音画
促使用户从 PC 向互联网电视转移

"父母找不到（想看的电影），让我们这些做儿女的帮他们找，包括像我们这个年龄也可能想看一些喜欢的片子，也可能是我儿时看的，记忆不是很清晰，但想重温，重新看一遍，但是找不到。"

—— 广州，女，25 岁，文员，四口之家

"互联网电视的内容非常丰富，我老婆想找综艺，我爱看体育，儿子看动画片，父母白天看电视剧，都能满足。"

—— 北京，男，31 岁，IT，三口之家

"我用互联网电视是因为有时候有些电影，别的地方都没有找到，只有互联网电视里面能看到。"

—— 广州，男，45 岁，洋酒销售商，五口之家

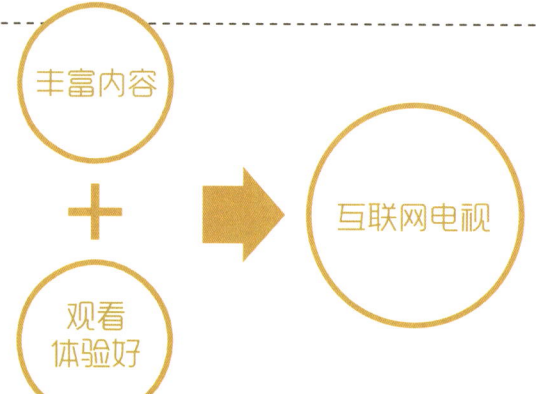

太多的软件内置或附加应用让电脑视频的体验开始变差，因此用户在看视频的时候开始往互联网电视转移。
内容是用户选择互联网电视的重要依据，欧美大片、更新速度、经典老片等独特元素最为重要。
互联网电视的音画质量高，在观看体验上远超电脑、手机和 Pad。

"电脑上的影音软件附加的程序特别多，你装这个软件的时候，有一些不起眼的地方它有打钩，看视频的时候会自动跳出，我觉得特别麻烦。"

—— 成都，男，36 岁，物流，三口之家

"因为你一个手机内存不怎么大，基本下载一个片子都装满了，不方便。"

—— 上海，女，26 岁，服装行业，三口之家

"虽然很方便都能搜到全集，但是比较高清一点的只有互联网电视上有，后来就开始用互联网电视看视频了。"

—— 北京，女，26 岁，教师，三口之家

数据来源：《2015 年互联网电视典型用户深度访谈与观察》
（北京、上海、广州、成都 4 个城市，20 个典型家庭）

2.1.2

用户观看互联网电视的时间和频次明显多于传统电视

2015 年互联网电视家庭日均开机次数超过 5 次,超 4 成的互联网电视用户日均开机 7 次以上。

根据调研数据显示,互联网电视日均开机次数达到 5.1 次,相较于其他收视方式,互联网电视用户具有明显的开关机习惯。一个月内平均每日开机 7 次及以上的互联网电视用户占比为 42.7%,每日开机 3~4 次的用户占比 28.2%。

2015 年互联网电视家庭开关机次数分布

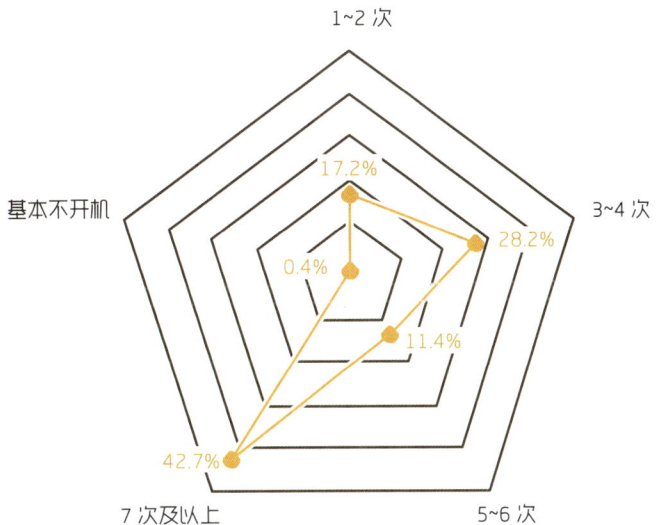

数据来源:《2015 年互联网电视用户使用行为调研及广告到人监测分析报告》
(总体:互联网电视用户家庭 N=3832 户)

变迁 2：互联网电视用户从"优众"向"大众"扩散

2015年互联网电视覆盖人群男女比例接近，以中青年为主，个人平均月收入为3737.2元，家庭平均月收入为12420.1元，低、中、高等教育程度的用户分布较为均匀。

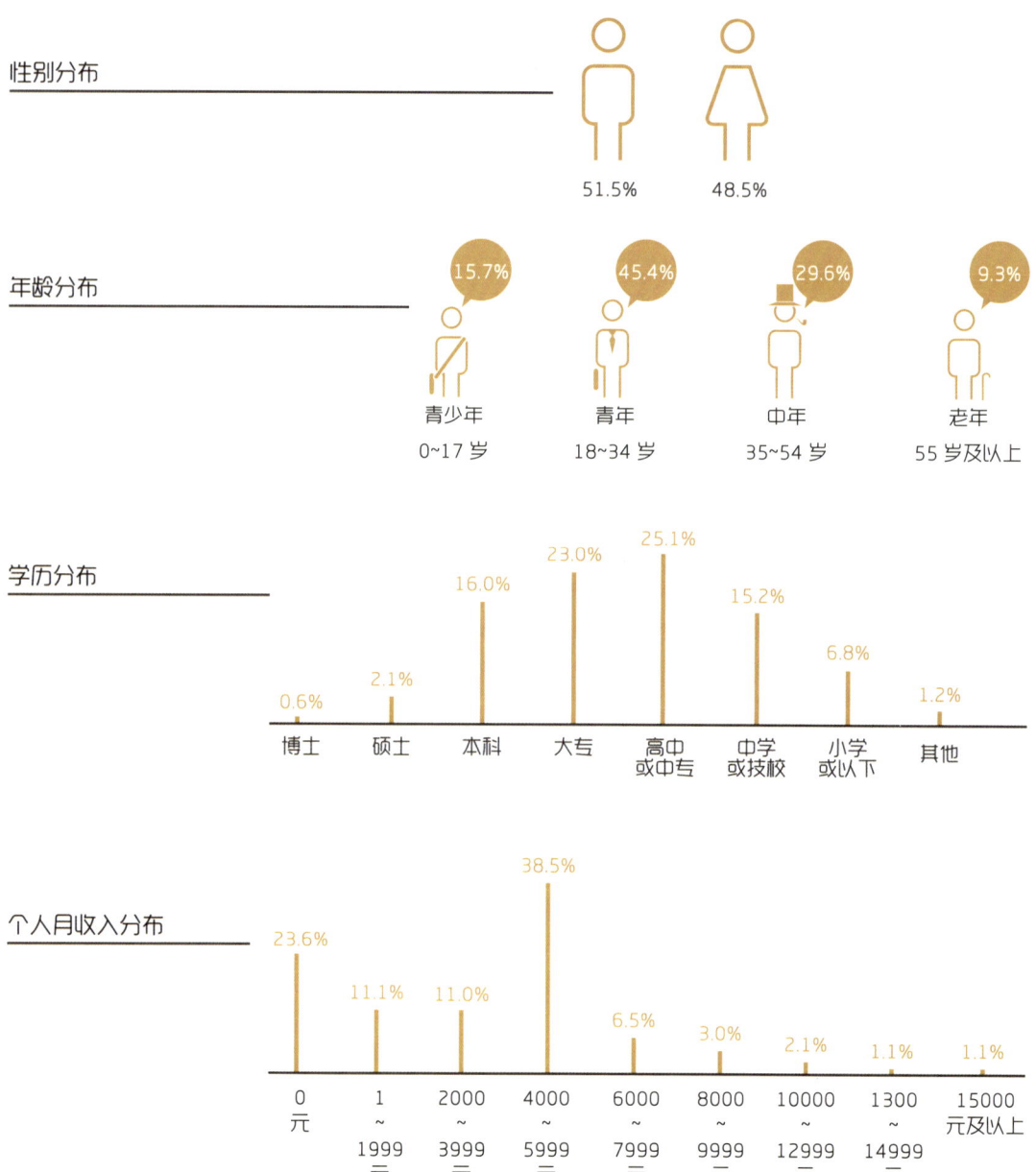

数据来源：《2015年互联网电视用户使用行为调研及广告到人监测分析报告》
（总体：互联网电视用户 N=12606 人）

2015 中国互联网电视发展蓝皮书 | 第二部分 价值篇

2.2.1　2015 互联网电视家庭收视场景新时代

2015 互联网电视用户
——从"优众"到"大众"

2015年互联网电视用户呈现出两个突出的特点：第一是覆盖人群规模急剧扩大，第二是从性别、年龄、学历、收入分布等数据分析，互联网电视用户特征正在从"优众"走向"大众"。

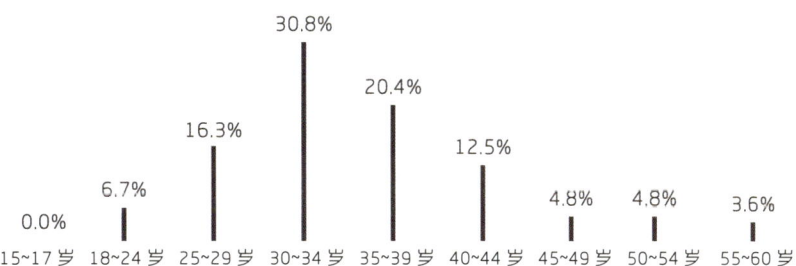

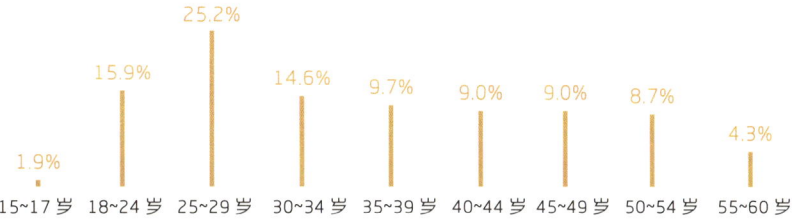

数据来源：《2015年互联网电视用户使用行为调研及广告到人监测分析报告》
（总体：互联网电视15~60岁主体收视用户 N=10267人）

2015 互联网电视用户学历分布更均匀

与 2014 年相比，2015 年互联网电视用户的学历比例中，本科以上学历的占比有所降低。学历分布上整体比 2014 年更均匀，同时，也更符合中国大众人群的学历分布数据。

学历分布更均匀

互联网电视用户学历分布 2015 年度 Vs2014 年度数据

互联网电视用户 2015 互联网电视用户 2014
N=10267 人   N=416 人

学历	2015	2014
博士	1.0%	0.6%
硕士	2.5%	4.8%
本科	19.3%	33.9%
大专	27.8%	27.4%
高中或中专	29.6%	24.0%
中学或技校	15.6%	7.0%
小学或以下	3.5%	1.9%

数据来源：《2015 年互联网电视用户使用行为调研及广告到人监测分析报告》
（总体：互联网电视 15~60 岁主体收视用户 N=10267 人）

用户家庭结构多元扩展

2015年互联网电视用户的家庭结构不再局限于三口之家，在以三口之家为主体的同时，四口之家、五口之家的占比都有一定的提高，家庭平均户规模为3.5人，相比2014年更加多元扩展。尤其单身家庭使用OTT电视的比例大幅提升，单身人士通常是年轻受众，从用户媒体使用行为上可以看出，年轻受众对媒体的偏好从新媒体转往大屏的趋势已经形成。

在收入方面，36.9%的家庭月收入集中在10000~14999元之间，平均家庭月收入为11596.6元。

2015年互联网电视用户家庭规模及家庭月收入分布

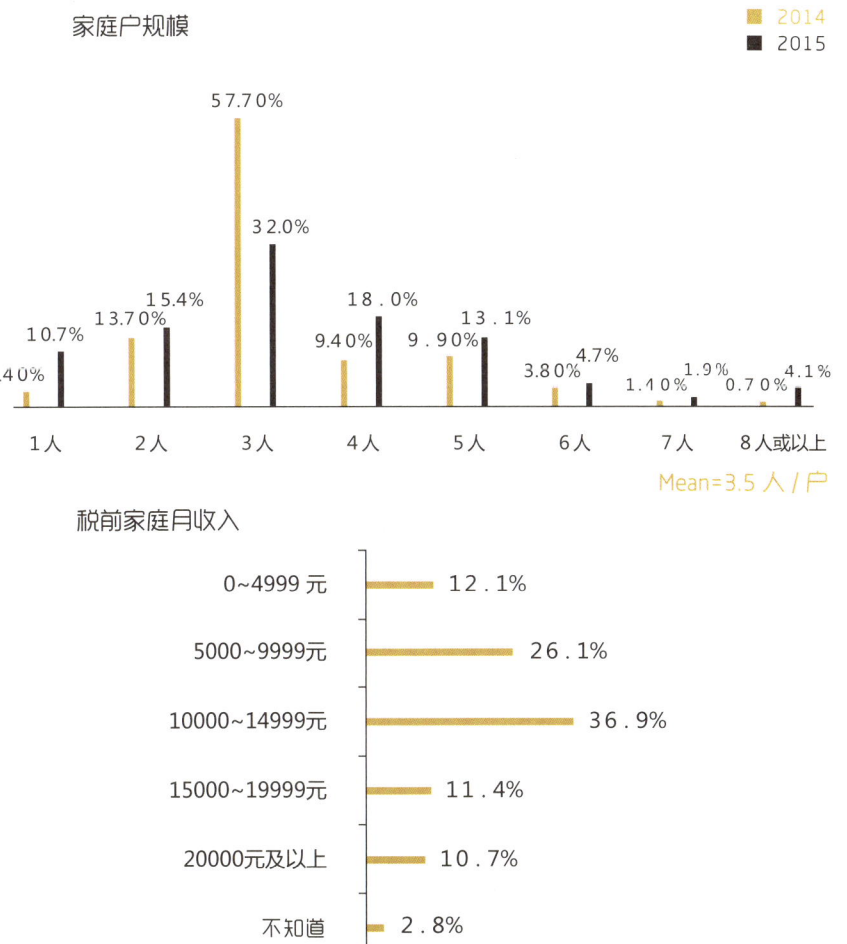

数据来源：《2015年互联网电视用户使用行为调研及广告到人监测分析报告》
（总体：互联网电视用户家庭 N=3832户）

变迁 3：视频观看终端多元化，互联网电视趋主流

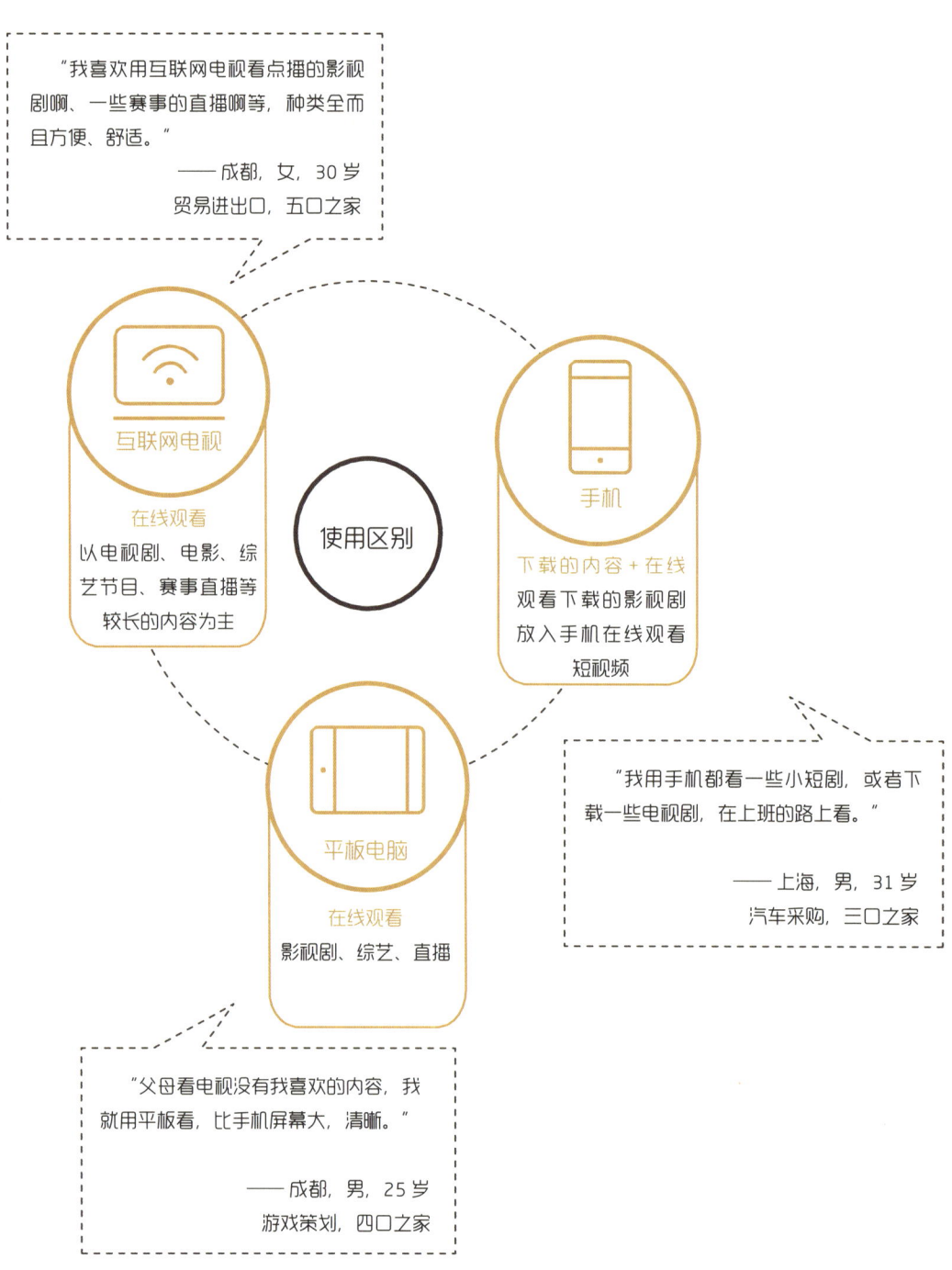

数据来源：《2015 年互联网电视典型用户深度访谈与观察》
（北京、上海、广州、成都 4 个城市，20 个典型家庭）

2.3.1 互联网电视收视设备的"多终端"并存状态

46.8% 的 OTT 家庭拥有 1 台电视机,40.6% 的家庭拥有 2 台电视机,平均每户家庭拥有 1.7 台电视机。

68.1% 的 OTT 家庭仍保有有线电视机顶盒,19.2% 的家庭保有 1 台以上有线电视机顶盒,平均每户家庭拥有 0.9 台有线电视机顶盒。

82.1% 的 OTT 家庭装配有 OTT 机顶盒,60.1% 拥有 1 台 OTT 机顶盒,22.0% 拥有 1 台以上的 OTT 机顶盒,平均每户家庭拥有 1.1 台 OTT 机顶盒;17.9% 的 OTT 家庭仅装有互联网电视一体机。

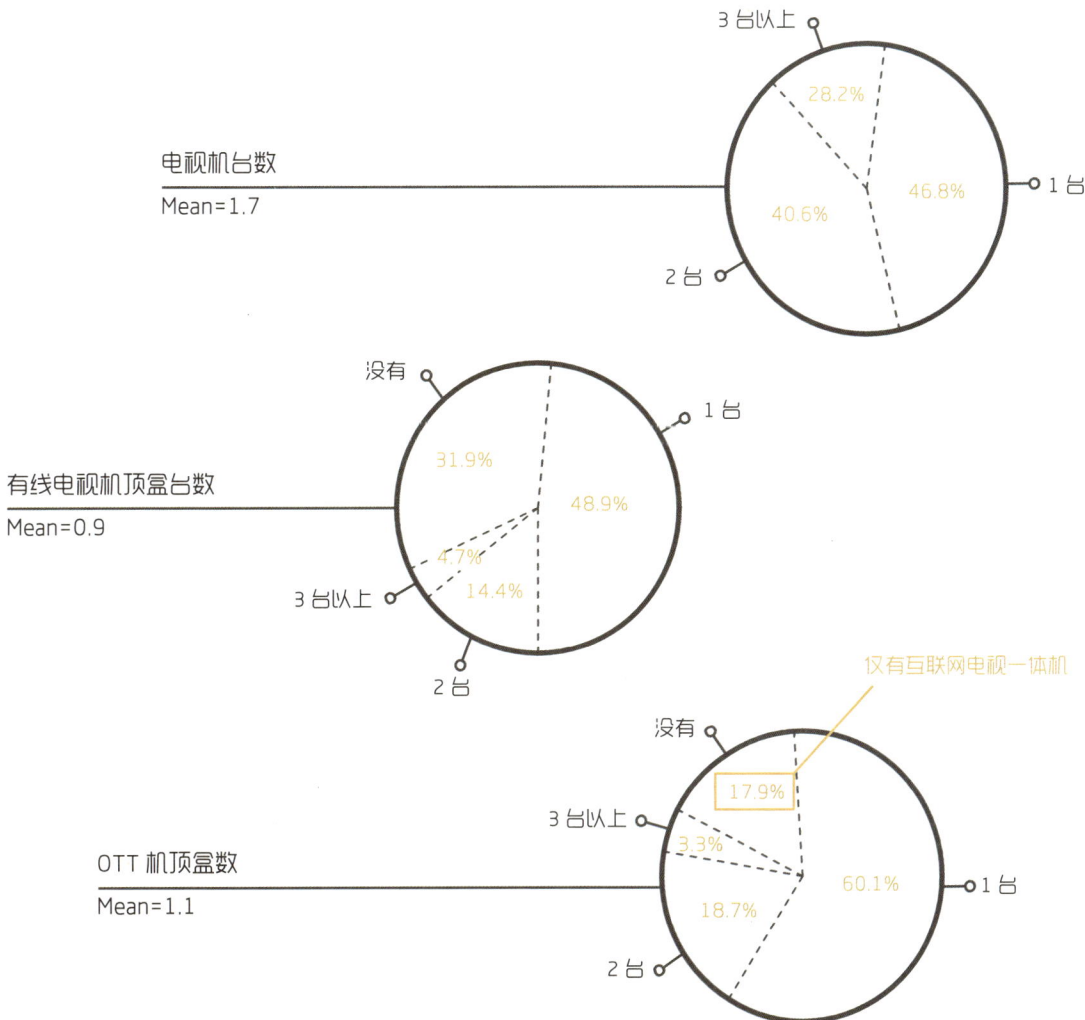

数据来源:《2015 年互联网电视用户使用行为调研及广告到人监测分析报告》
(总体:互联网电视用户家庭 N=3832 户)

互联网电视机顶盒及互联网电视一体机成为主流收视方式

49.2% 的互联网电视用户家庭最常用 OTT 机顶盒收看电视节目，36.8% 的互联网电视用户家庭最常用互联网电视一体机收看电视节目，有 13.9% 的 OTT 家庭仍将数字电视机顶盒作为最主要的收视设备。

家庭月收入越高的家庭越偏向使用互联网电视。

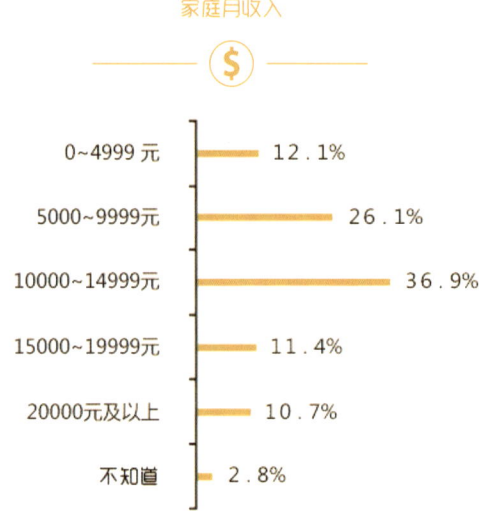

家庭月收入

- 0~4999 元 ： 12.1%
- 5000~9999 元 ： 26.1%
- 10000~14999 元 ： 36.9%
- 15000~19999 元 ： 11.4%
- 20000 元及以上 ： 10.7%
- 不知道 ： 2.8%

OTT机顶盒 （49.2%）	互联网电视一体机 （36.8%）	数字电视机顶盒 （13.9%）	N=3832户
54.2%	33.7%	12.1%	N=463户
50.7%	38.2%	11.1%	N=1002户
50.6%	34.7%	14.6%	N=1414户
43.0%	38.7%	18.3%	N=437户
42.5%	41.1%	16.4%	N=409户
46.7%	41.1%	12.1%	N=107户

数据来源：《2015 年互联网电视用户使用行为调研及广告到人监测分析报告》
（总体：互联网电视用户家庭 N=3832 户）

互联网电视成为家庭收视的"主角"

在既有互联网电视设备又有数字电视设备的家庭中，79.5% 的互联网电视家庭最常用互联网电视（不分机顶盒和一体机）收看电视节目，仅 20.5% 的互联网电视家庭仍将数字电视机顶盒作为最主要的收视设备。互联网电视开始成为家庭收视的"主角"，数字电视作为"配角"出现。

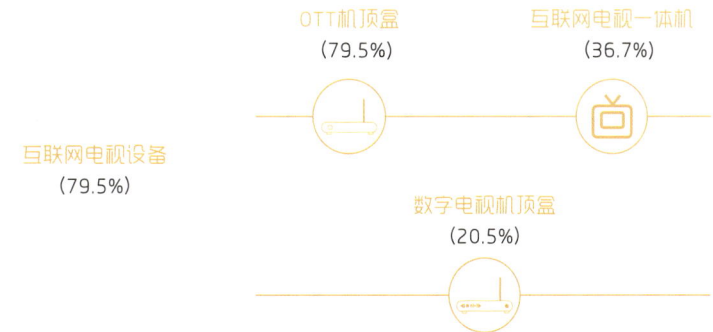

数据来源：《2015 年互联网电视用户使用行为调研及广告到人监测分析报告》
（总体：既有互联网电视设备又有数字电视设备的家庭 N=2609 户）

2.3.4 不论使用哪种视频终端，互联网电视都是主流收视方式

不同年龄的人群使用收视终端的习惯有所区别，中老年人偏爱使用数字电视机顶盒的比例相对较高，相对而言，越是年轻的群体使用互联网电视的比例越高。

青少年
手机端

青年
网络视频、互联网电视

中年
互联网电视、数字电视

老年
机顶盒

"我喜欢看从网络上观看的节目，因为他不定点、定对，像我喜欢篮球，我就会专门搜赛事集锦，还有一些精彩瞬间，我就爱看。"

——上海，男，21岁，大学生，三口之家

"家里是互联网电视，我搜剧的时候就搜生活类的电视剧，和我们年龄相关的，像《婆婆遇上妈》《双城生活》、原先还有《蜗居》，最近还有一些新的，反映当代生活的，会比较喜欢这些反映当代生活的都市类电视剧。"

——广州，男，36岁，个体，四口之家

"我们家以前是数字电视，后来我换成了互联网，相对来说随性点，内容也丰富。想给我爸家也换个，可是他说用不惯，而且也不会操作，毕竟年纪大了，不愿意接受这些他搞不懂的东西。"

——上海，男，34岁，技术人员，三口之家

数据来源：《2015年互联网电视典型用户深度访谈与观察》
（北京、上海、广州、成都4城市，20个典型家庭）

变迁 4：互联网电视打造新的黄金时间

由于可以点播节目，互联网电视用户的收视时间相比传统电视得到了大幅延长，主要收视时间延长到 23:00 点以后，多集电视剧连播成为新的收视特点。互联网收视时间的延长为电视打造了新的黄金时间。

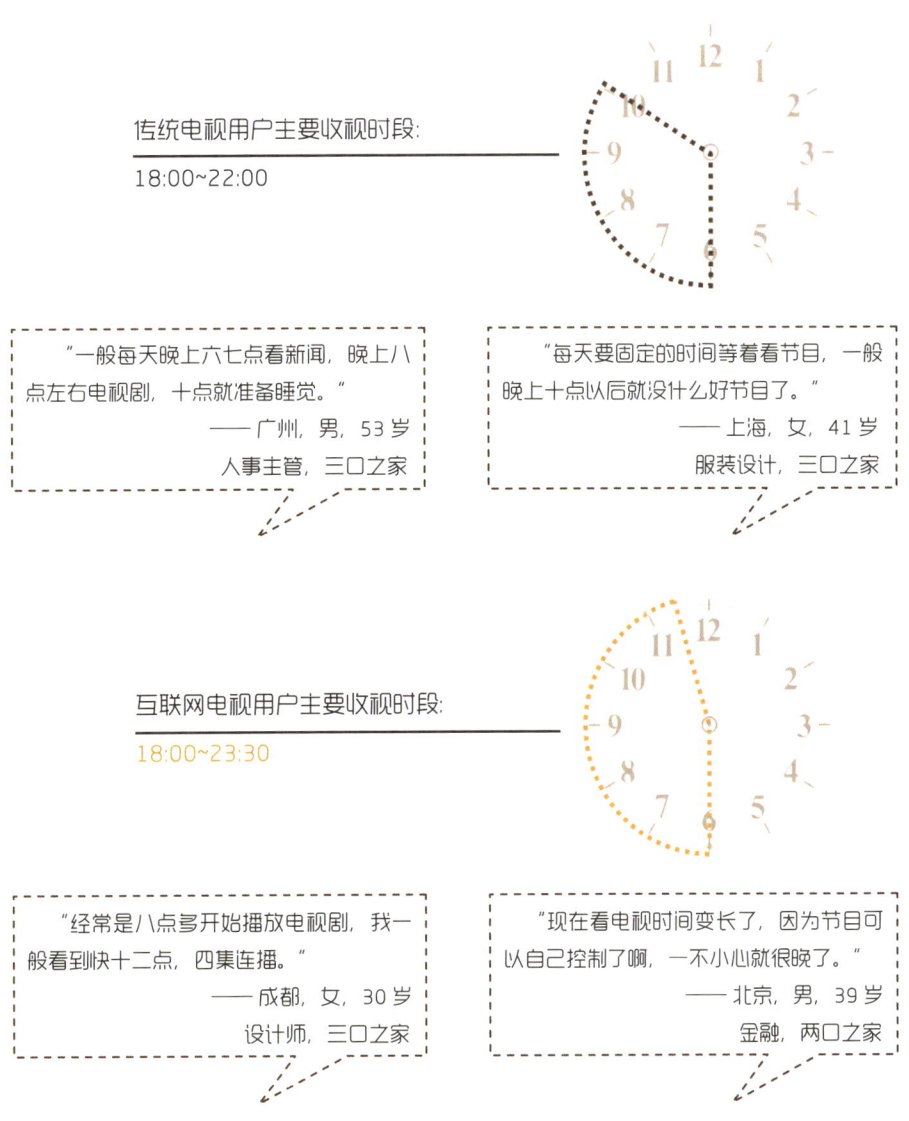

传统电视用户主要收视时段：
18:00~22:00

"一般每天晚上六七点看新闻，晚上八点左右电视剧，十点就准备睡觉。"
—— 广州，男，53 岁
人事主管，三口之家

"每天要固定的时间等着看节目，一般晚上十点以后就没什么好节目了。"
—— 上海，女，41 岁
服装设计，三口之家

互联网电视用户主要收视时段：
18:00~23:30

"经常是八点多开始播放电视剧，我一般看到快十二点，四集连播。"
—— 成都，女，30 岁
设计师，三口之家

"现在看电视时间变长了，因为节目可以自己控制了啊，一不小心就很晚了。"
—— 北京，男，39 岁
金融，两口之家

数据来源：《2015 年互联网电视典型用户深度访谈与观察》
（北京、上海、广州、成都 4 个城市，20 个典型家庭）

互联网电视
覆盖人群收视呈现双高峰

工作日及非工作日的收视高峰均为晚间 18:00~20:00 点，次高峰为 20:00~22:00 点，白天 10:00~14:00 点有一个收视小高峰。

总体上，非工作日收看电视的用户比例高于工作日。

2015 年互联网电视用户收视时段偏好情况

工作日收视高峰时段： 18:00~20:00
非工作日收视高峰时段： 18:00~22:00

工作日
非工作日

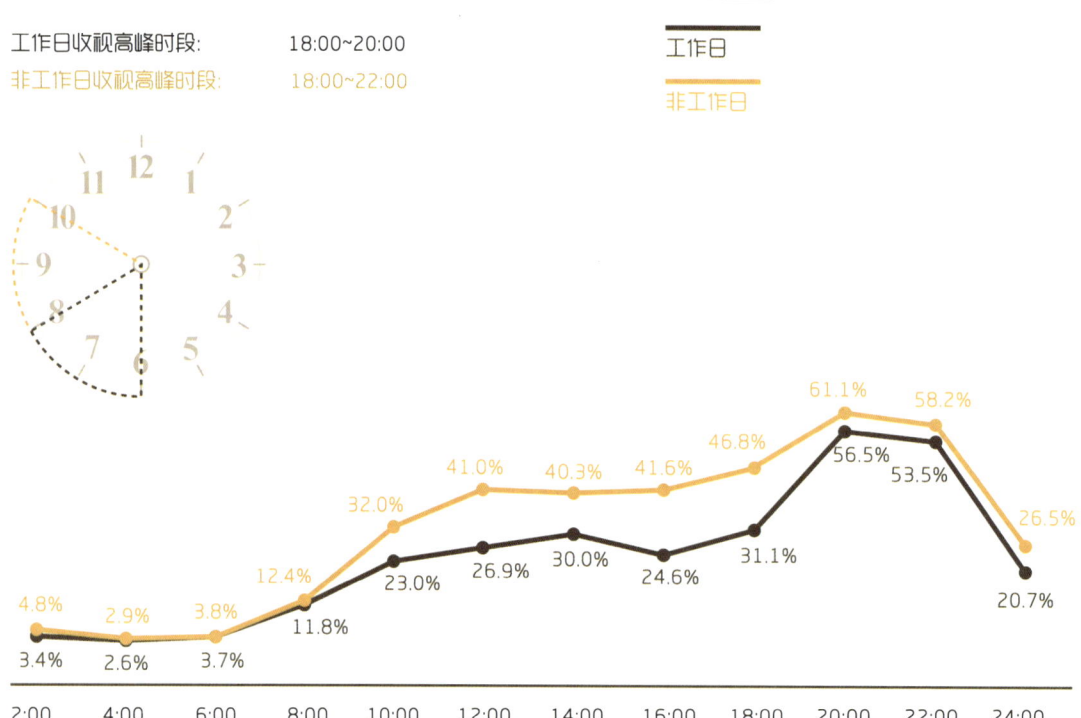

2.4.2 互联网电视用户收视时段向全天扩散

2014 年互联网电视用户数据显示，15~60 岁的主体收视用户仅在晚间有收视高峰，白天收视比例较低。

2015 年调研数据显示，互联网电视用户收视正在向全天各个时段扩散，白天中午时段也出现了明显的收视小高峰。

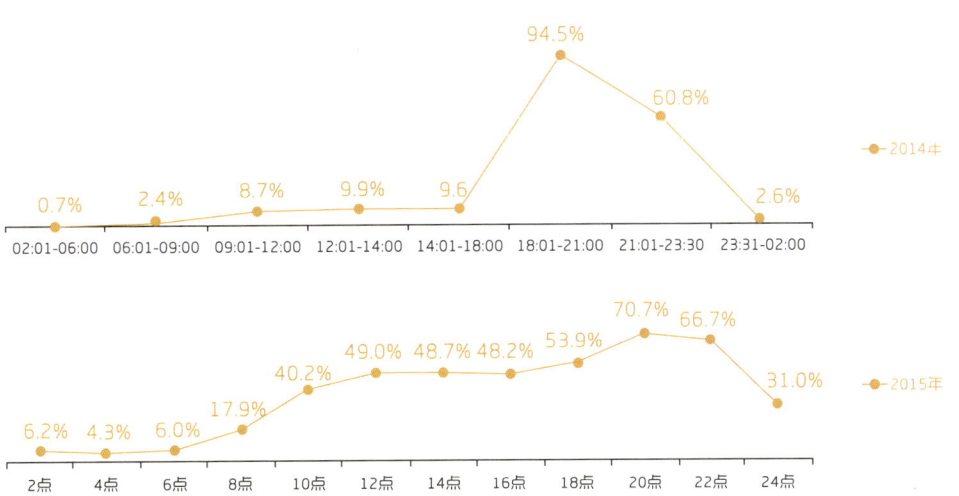

互联网电视主体用户（15~60 岁）主要收视时段分布
—— 2015 年度 Vs 2014 年度数据对比

数据来源：《2015 年互联网电视用户使用行为调研及广告到人监测分析报告》
（总体：互联网电视 15~60 岁主体收视用户 N=10267 人）

变迁 5:
互联网电视仍然占据着客厅的主导文化地位

"在客厅中肯定是以电视为核心的，不然以什么为核心，沙发又不能播放给大家一起看。"

—— 广州，女，25岁
文员，四口之家

"朋友来家里了，没事干，就选择看电视，休闲、放松、打发时间、开心。"

—— 北京，女，26岁
教师，三口之家

"第一个是可以带给我们欢乐感，第二个可以有话题让大家聊。"

—— 上海，女，26岁
服装行业，三口之家

"白天，家人都在的时候就把电视打开，即便不看也听着声音。"

—— 北京，男，31岁
IT，三口之家

"不光是无聊的，每个人都会，除非不喜欢看，否则都会时不时地坐在客厅看电视，这是一种生活方式。"

—— 广州，男，45岁
洋酒销售商，五口之家

数据来源：《2015年互联网电视典型用户深度访谈与观察》
（北京、上海、广州、成都 4 城市，20 个典型家庭）

2.5

除了继续独霸客厅，互联网电视开始向卧室渗透访谈发现，绝大部分互联网电视用户倾向于将互联网电视放在客厅，互联网电视在客厅的地位已牢不可破。

但是研究也发现，有很多用户也在卧室摆放互联网电视，互联网电视开始向卧室渗透。

"我们家有三台电视机，客厅一台是必须的，另外两个卧室分别一台，卧室里晚上睡觉前可以躺在床上看。"

—— 上海，21，男
学生，未婚，三口之家

"以前都是在客厅看电视，现在电视便宜了，而且电视直接可以连接家里的WIFI，不用架设有线电视的线路，所以卧室也装了一台，看着比较方便。"

—— 北京，31，男
IT，已婚，三口之家

数据来源：《2015年互联网电视典型用户深度访谈与观察》
（北京、上海、广州、成都4城市，20个典型家庭）

变迁 6: 互联网电视观看场景多元化

互联网电视家庭户规模分布图

户规模 Mean（人/户）	2015 (N=3832) 3.5
1 人	10.7%
2 人	15.4%
3 人	32.0%
4 人	18.0%
5 人	13.1%
6 人	4.7%
7 人	1.9%
8 人或以上	4.1%

数据来源：《2015 年互联网电视用户使用行为调研及广告到人监测分析报告》
（总体：互联网电视用户家庭 N=3832 户）

场景（一）：
陪孩子，一起享受亲子时光

由于互联网电视平台亲子内容比较丰富，加之收看时段更加自由。因此，很多父母开始陪伴孩子一起看电视，并与孩子一起寻找新的内容。

与孩子一起寻找新的动画片

"平时我跟老公都很忙，没有时间陪她。周末在家的时候，我就陪着我闺女看动画片，我家是互联网电视，闺女就会让我搜动画片给她，她就会给我讲她喜欢的角色是哪个、不喜欢的角色是哪个，通过她的言语我就会发现她的一些喜好。"

—— 广州，30，女，会计，三口之家

与孩子一起看小朋友中流行的内容

"我儿子今年5岁，没有互联网电视的时候，我下班回家后，动画片已经播完了，没法和他一起看。现在，每天晚上我都会陪孩子看互联网电视上的少儿节目。这段时间，他说幼儿园的小朋友都在讨论熊大、熊二，我就陪他一起看了。"

—— 北京，31，男，运营管理，三口之家

用互联网电视的内容对孩子进行引导

"有时候，我陪孩子看动画片的时候，就会用动画里的人物来对他进行说教，告诉他要有礼貌啊、生活中自己的事情自己做啊等等。"

—— 广州，35，男，机械工程师，三口之家

数据来源：《2015年互联网电视典型用户深度访谈与观察》
（北京、上海、广州、成都4个城市，20个典型家庭）

亲子时光节目示例图

"最近都在陪孩子看湖南台的《爸爸去哪儿》。"
—— 广州，30，女
会计，三口之家

"儿子喜欢看熊大、熊二，尤其喜欢熊二。"
—— 北京，31，男
运营管理员，三口之家

"就陪女儿看动画片，比如《喜羊羊与灰太狼》。"
—— 广州，35，男
机械工程师，三口之家

数据来源：《2015年互联网电视典型用户深度访谈与观察》
（北京、上海、广州、成都4个城市，20个典型家庭）

2.6.2 场景（二）：陪父母，增进感情

用户访谈发现，有了互联网电视之后，由于内容的可选择性更大，很多用户都会搜索一些父母喜欢看的内容，然后一起陪父母观看。

> "一般都是问爸妈喜欢看什么，然后就在互联网电视上找，看看有没有相应的内容，然后陪他们一起看。"
>
> —— 成都，26岁，女，设计师，未婚，三口之家

> "拿平板搜视频，他们觉得屏幕小，不方便观看，就不太愿意用那些东西看视频。所以，我回家早的话，我还是陪他们一起看互联网电视。"
>
> —— 北京，22岁，女教师，未婚，三口之家

数据来源：《2015年互联网电视典型用户深度访谈与观察》
（北京、上海、广州、成都4个城市，20个典型家庭）

陪伴父母时光节目内容示例图

"我爸爸更爱看抗日剧、战争剧。我妈妈爱看那些婆媳类的家庭剧，我一般都通过点播给他们看。这样两个人看的内容都有了，时间上还不会冲突。"

——成都，30岁，女设计师，三口之家

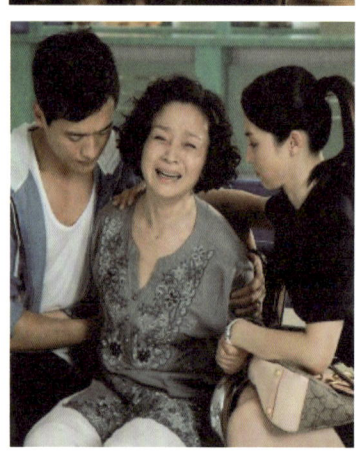

"我妈妈爱看一些综艺节目，有时候因为一些事情耽误了，她就会去点播，甚至一次看好几期，引得我也跟着看上瘾了。"

——北京，26岁，女教师，三口之家

数据来源：《2015年互联网电视典型用户深度访谈与观察》
（北京、上海、广州、成都4个城市，20个典型家庭）

2.6.3 场景（三）：
夫妻陪伴观看，交流和分享彼此爱好

互联网电视还成了夫妻之间分享彼此喜欢的内容的平台。研究发现，有了互联网电视后，用户可以找到更多自己感兴趣的内容，因此，夫妻之间彼此陪伴观看便成为新的场景，通过交流内容，分享彼此的爱好。

> "晚上我俩都在家，看电视的时候，我老婆看的娱乐节目即使我不喜欢，也会陪老婆看，她也会陪我看一些点播的体育赛事，足球比赛啊、篮球比赛啊。"
>
> —— 北京，39 岁，男，金融行业，两口之家

> "在单位，大家每天都会聊一些热播剧，比如《何以笙箫默》，为了和她们能有话题，我也会看，有时候也会看看自己喜欢的韩剧，每次我就拉着我老公跟我一起看，因为互联网电视的屏幕更大，两个人一起看像在电影院的感觉。"
>
> —— 广州，28 岁，旅行社编辑，三口之家

数据来源：《2015 年互联网电视典型用户深度访谈与观察》
（北京、上海、广州、成都 4 个城市，20 个典型家庭）

夫妻共享节目内容示例图

2.7 变迁 7：家中多种接入方式共用，数字与互联网电视并驾齐驱

在接入方式上，互联网电视用户家中大多有多个盒子或机顶盒，平时看直播的时候多用数字电视机顶盒，点播视频时则用电视内置点播设备或盒子。

有线电视机顶盒台数

家庭户规模	Total	1台	2台	3台或更多	没有有线电视机顶盒	Mean
N=	3832	1230	1628	509	465	
1人	10.7%	9.9%	12.2%	9.0%	9.0%	1.6台
2人	15.4%	17.4%	16.6%	10.4%	11.8%	1.5台
3人	32.0%	32.4%	33.8%	26.1%	31.2%	1.5台
4人	18.0%	17.5%	17.1%	20.2%	19.6%	1.6台
5人	13.1%	12.4%	10.9%	21.0%	14.2%	1.6台
6人	4.7%	4.9%	3.9%	6.7%	5.2%	1.6台
7人	1.9%	1.6%	1.7%	2.8%	2.8%	1.6台
8人或以上	4.1%	3.9%	3.7%	3.7%	6.2%	1.6台

拥有 1~2 台有线电视机顶盒的家庭户规模多为 3 人；
拥有 3 台或以上有线电视机顶盒的家庭户规模多为 3~5 人。

OTT机顶盒台数

家庭户规模	Total	1台	2台	3台或更多	没有OTT机顶盒	Mean
N=	3832	2304	716	126	465	
1人	10.7%	11.5%	8.5%	13.5%	9.8%	1.1台
2人	15.4%	15.8%	9.8%	7.9%	21.4%	0.9台
3人	32.0%	34.1%	29.1%	16.7%	31.0%	1.0台
4人	18.0%	18.1%	19.1%	23.8%	15.2%	1.1台
5人	13.1%	11.8%	17.2%	17.5%	12.7%	1.2台
6人	4.7%	4.1%	6.6%	7.1%	4.5%	1.2台
7人	1.9%	1.5%	3.6%	3.2%	1.5%	1.3台
8人或以上	4.1%	3.2%	6.1%	10.3%	3.9%	1.3台

拥有 1~2 台 OTT 机顶盒的家庭户规模多为 3 人；
拥有 3 台或以上 OTT 机顶盒的家庭户规模多为 4 人；
家庭户规模越大，户均 OTT 机顶盒台数数值越大。

数据来源：《2015 年互联网电视用户使用行为调研及广告到人监测分析报告》
（总体：互联网电视用户家庭 N=3832 户）

互联网电视观看路径选择多元化

与传统电视相比，互联网电视的观看内容丰富多彩，同时它的选择路径也越来越多元化，人们就会根据自己的不同需求，选择观看互联网电视的方式。

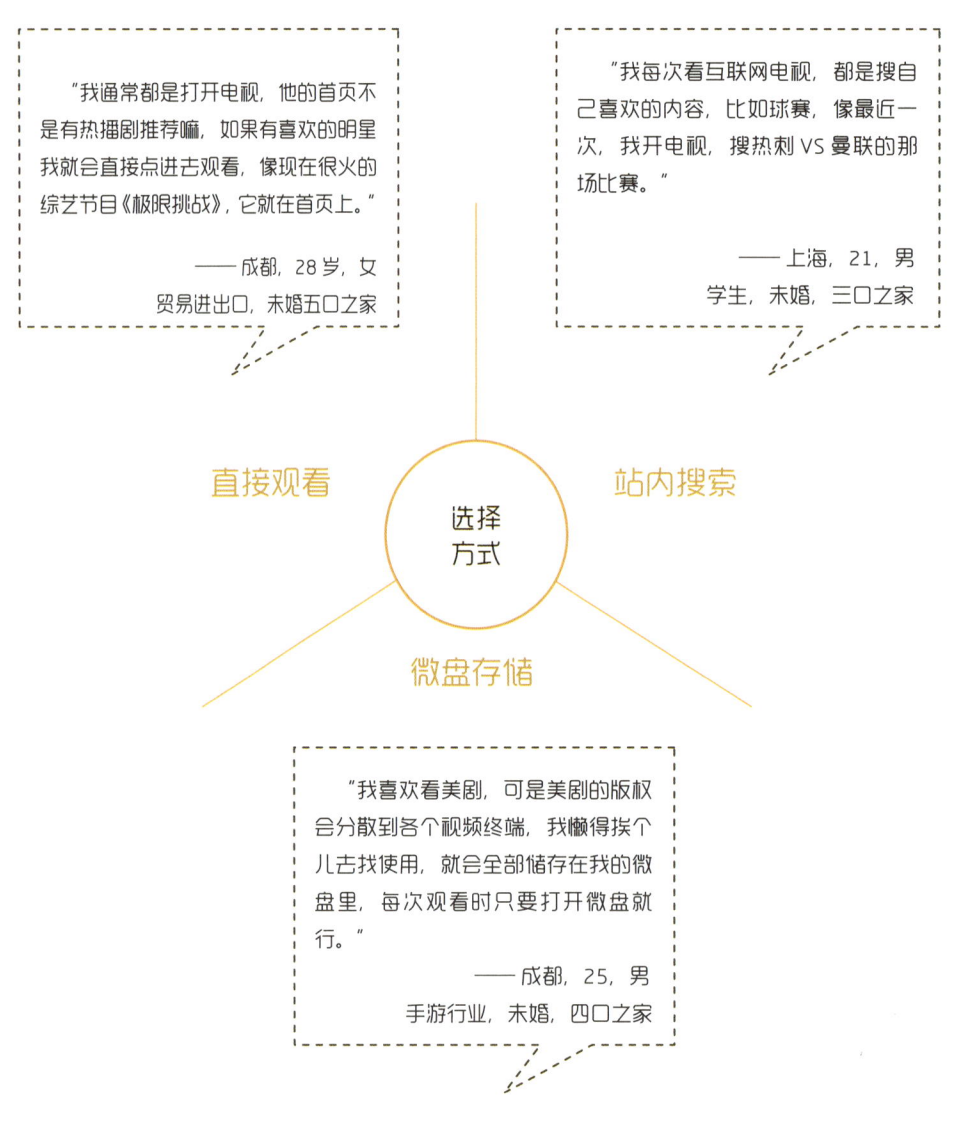

"我通常都是打开电视，他的首页不是有热播剧推荐嘛，如果有喜欢的明星我就会直接点进去观看，像现在很火的综艺节目《极限挑战》，它就在首页上。"

——成都，28岁，女
贸易进出口，未婚五口之家

"我每次看互联网电视，都是搜自己喜欢的内容，比如球赛，像最近一次，我开电视，搜热刺VS曼联的那场比赛。"

——上海，21，男
学生，未婚，三口之家

"我喜欢看美剧，可是美剧的版权会分散到各个视频终端，我懒得挨个儿去找使用，就会全部储存在我的微盘里，每次观看时只要打开微盘就行。"

——成都，25，男
手游行业，未婚，四口之家

数据来源：《2015年互联网电视典型用户深度访谈与观察》
（北京、上海、广州、成都4个城市，20个典型家庭）

2.7.2 互联网电视让用户的观看更自由

观看传统电视

"看直播节目,其实有时候我觉得还有一个缺陷,就是如果我要干件事情他又停不下来,我还是会断掉中间那一块,还得等广告;有时候某个片段我很喜欢,可是看一遍就过去了,不能回放,很不好操控。"

—— 上海,51 岁,女
财务,已婚,两口之家

观看互联网电视

"现在家里有了互联网电视,就不用等广告我随时随地想看什么就看什么,快进、暂停、回放都可以,就是看电视的习惯跟随自己,随心所欲,比以前方便多了。而且以前我要看一些大片,多累啊,我还要买个 2G 的硬盘,因为我喜欢看一些画质比较高的,都要十几 G 的。从网上下载就要下载好几个小时,再抄到硬盘,硬盘在接到电脑上,多不方便,现在不要了。现在直接搜索就能看了,现在方便多了。"

—— 北京,26 岁
教师,未婚,三口之家

数据来源:《2015 年互联网电视典型用户深度访谈与观察》
(北京、上海、广州、成都 4 个城市,20 个典型家庭)

变迁 8：
互联网电视与传统电视收看内容呈现差异化

互联网电视用户最喜欢的是电影、电视剧和综艺类电视节目，粉丝占比均在 70% 以上。由于动漫卡通对"80 后""90 后""00 后"的持续影响，该类节目也成了 OTT 用户较为喜欢的节目类型之一。随着视觉效果和内容丰富性的提高，纪录片也逐渐开始受到 OTT 用户青睐。

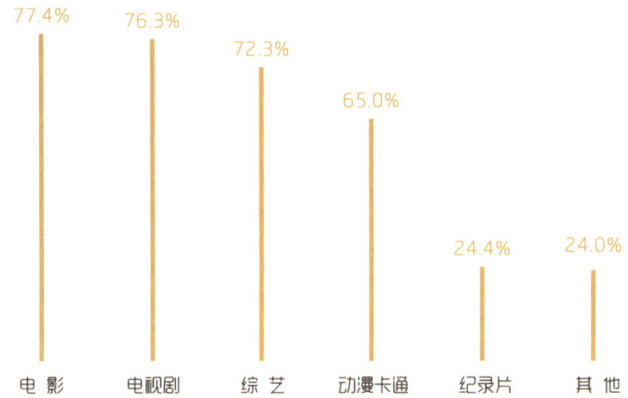

电影	电视剧	综艺	动漫卡通	纪录片	其他
77.4%	76.3%	72.3%	65.0%	24.4%	24.0%

"平时主要是通过互联网电视看电影，特别喜欢看科幻片，大屏电视的效果特别好。"
—— 上海，男，31 岁
汽车采购，三口之家

"我爸爸妈妈特别喜欢看国内的生活类型的电视剧，但是他们经常时间赶不上，我教会了他们使用点播和回看的功能。"
—— 成都，男，25 岁
游戏策划，四口之家

"小女生嘛，就是比较爱看韩国的爱情剧，那里面的衣服啊都比较漂亮，人也长得帅。"
—— 成都，女，30 岁
贸易进出口，五口之家

数据来源：《2015 年互联网电视典型用户深度访谈与观察》
（北京、上海、广州、成都 4 个城市，20 个典型家庭）

2.8.1 不同节目类型偏好的用户特征

偏好不同节目内容的用户在特征上有所差异，内容提供商、广告商可根据目标受众对不同内容的偏好有针对性地制作内容或投放广告。

	性别	年龄	学历	平均月收入（元）
电影	男性54.8% 女性45.2%	18~34岁，占比53.4% 35~54岁，占比31.2%	高中或中专，占比27.8% 大专，占比26%	4203.2
电视剧	男性46.7% 女性53.3%	18~34岁，占比49.7% 35~54岁，占比33.6%	高中或中专，占比28.4% 大专，占比25.6%	4116.9
综艺节目	男性46.7% 女性53.3%	18~34岁，占比51.0% 35~54岁，占比29.3%	高中或中专，占比26.3% 大专，占比25.3%	3921.2
动漫卡通	男性52.8% 女性47.2%	18~34岁，占比47.0% 35~54岁，占比26.2%	高中或中专，占比23.8% 大专，占比22.6%	3456.0
纪录片	男性70.6% 女性29.4%	18~34岁，占比37.6% 35~54岁，占比39.2%	高中或中专，占比25.8% 大专，占比23.0%	4393.7
其他	男性52.1% 女性47.9%	18~34岁，占比32.1% 35~54岁，占比36.5%	高中或中专，占比25.1% 大专，占比19.8%	3521.0

互联网电视切割出新的受众人群

偏好不同收视时段的用户在特征上也有所差异，内容提供商、广告商可以根据目标受众不同时段收视习惯有针对性地制作内容或投放广告。

收视黄金段：女性更加踊跃，男性观看时间更晚

男 性
男性在早上以及晚 10:00 以后观看电视的比例更高，男性观看电视得更晚。

女 性
在晚上 9:00~10:00 的晚间收视黄金时段女性观看电视的比例更高，更加活跃。

数据来源：《2015 年互联网电视典型用户深度访谈与观察》
（北京、上海、广州、成都 4 个城市，20 个典型家庭）

2.8.3 节目内容类型偏好情况

研究发现,在互联网电视用户偏好收看的节目方面,影视综艺仍是主流,动漫卡通也占据重要地位;与此同时,纪录片等小众化需求也日益明显。

变迁 9:
互联网电视受众因内容偏好而不断细分
互联网电视用户族群 1 —— 感官刺激族

特征:观看电影为主
目的:舒压解压,追求感官刺激

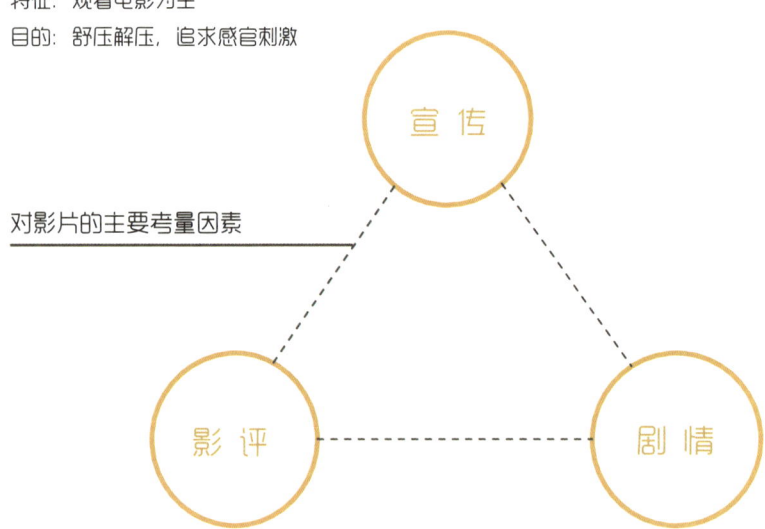

对影片的主要考量因素

> "像科幻片或者有 3D 效果或者带一些动作的,通常先看影评和剧情,以前这些片子都去电影院看,现在有了互联网电视,在家里也可以看了。"
>
> —— 北京,男,26 岁,副总经理,三口之家

情感追求

影片类型:喜剧片、爱情片
偏好较为夸张的情节以及细腻的情感表达,以经典的电影为主。

感官刺激

影片类型:动作片、恐怖片、科幻片
追求视觉和听觉上的极度感官刺激,远离现实生活的故事背景,寻求压力的释放;以收看热映的影片为主。

数据来源:《2015 年互联网电视典型用户深度访谈与观察》
(北京、上海、广州、成都 4 个城市,20 个典型家庭)

2.9.2 互联网电视用户族群 2 —— 情感守护族

特征：喜欢收看电视剧
目的：放松心情，寻找情感共鸣

年轻人、学生、女性

影片类型：港台地区偶像剧、韩国偶像剧、悬疑片
以年轻偶像、青春为题材的台湾偶像剧、韩国爱情剧比较受年轻观众的喜爱；另外，TVB 剧也是年轻女性比较喜爱的节目类型。
近年来内地年轻偶像的崛起也使得内地偶像赢得了更多观众的喜爱。
情节紧张刺激的悬疑片、侦探片也是年轻人喜欢观看的电视剧类型。

电视剧诉求：轻松、引人入胜

年龄差异

中年人、老年人

影片类型：家庭剧、情感剧、国产剧
中年人和老年人对反映谍战、现代生活题材的剧目表现出更高的喜爱和关注度，国产剧集中，这些题材也涌现出了许多优秀的电视剧。
对海外剧来说，反映家长里短的家庭剧更容易获得年长女性的喜爱。

电视剧诉求：贴近生活、反映现实

数据来源：《2015 年互联网电视典型用户深度访谈与观察》
（北京、上海、广州、成都 4 个城市，20 个典型家庭）

2.9.3

互联网电视用户族群 3 ——
欢乐行动派

特征：观看综艺节目
目的：寻找欢乐、追逐偶像、紧跟时尚

内地综艺

影片类型：《快乐大本营》，《天天向上》，《非诚勿扰》，《中国达人秀》
以湖南、上海、江苏卫视的招牌综艺节目为代表
选秀类、娱乐类、交友类
关注明星、嘉宾
明星、嘉宾很大程度上影响观看的意愿，观众黏性较高，重复观看的节目意愿相对较低。

女性观众为主、部分男性观众。

> "看综艺有时候是看来宾，像《快乐大本营》就是看来宾，现在更多的是看各大卫视的真人秀。"
>
> —— 成都，30 岁，女，设计师，未婚，三口之家

综艺节目

港台综艺

影片类型：以台湾《康熙来了》等谈话类节目、美容节目为代表
谈话类、美容类、时尚类
关注话题
对节目的时效性要求较低，对节目内容本身以及话题是否符合自己兴趣关注较高。
目前港台综艺节目仍是小众选择。

年轻女性观众

> "平时喜欢看港台的综艺节目多一些，小 S 主持的《康熙来了》，还有就是教美容化妆方面的那些节目。"
>
> —— 上海，28 岁，女，文员，未婚，三口之家

数据来源：《2015 年互联网电视典型用户深度访谈与观察》
（北京、上海、广州、成都 4 个城市，20 个典型家庭）

2.9.4 对电视剧类型的偏好更显代际的特质

用户中的"60""70""80"后更喜欢表达细腻生活情感的连续剧题材，三个年代的人对电视剧类型的偏好差异不大；而"90后"对电视剧题材的偏好则表现出较大的差异。90后的年轻人偏好与现实生活差异较大的古装、武侠电视剧，并且对时兴的偶像主演的连续剧也表现出了极大的热情和喜爱。

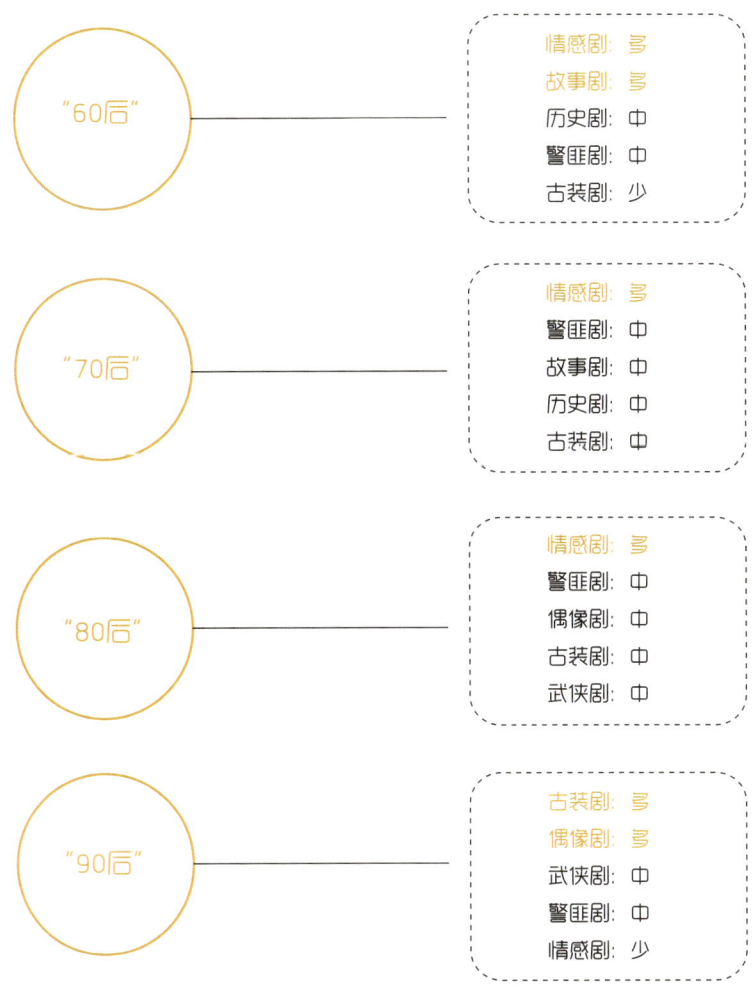

数据来源 《2015年互联网电视典型用户深度访谈与观察》
（北京、上海、广州、成都4城市，20个典型家庭）

2.9.5 不同收视设备用户的节目类型偏好

不同收视设备活跃用户喜欢收看的内容较为一致，最喜欢的都是电影、电视剧、综艺节目；其次是动漫卡通。

OTT机顶盒活跃用户中，喜欢动漫卡通的比例高于一体机活跃用户。

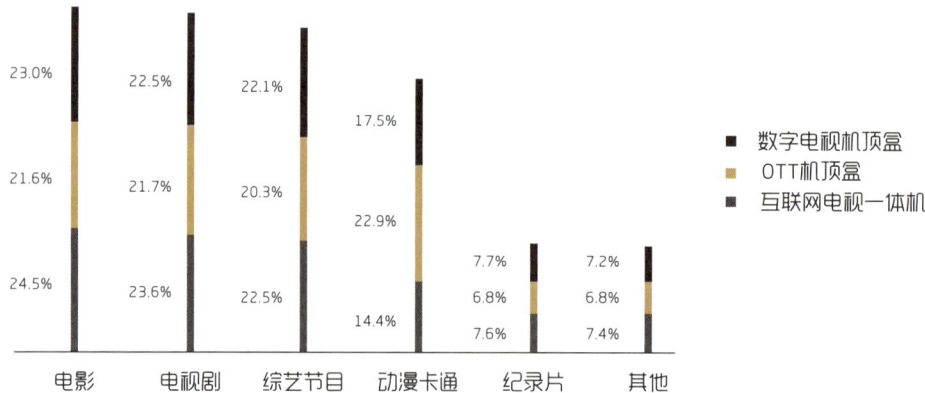

数据来源：《2015年互联网电视用户使用行为调研及广告到人监测分析报告》
（总体：互联网电视覆盖用户 N=12606 人）

2.9.5

> "电视相对来说清晰度高，还有电视屏幕、画面，主要是清晰度。因为我们家装的是等离子电视，看的效果要清晰一些。如果是从网络看的话，因为电视剧它看起来不过瘾，就通过电视看。"
> —— 上海，女，41岁，财务，已婚，三口之家

> "像QQLive这些平台，因为它多，更新得比较全，从一开始到最后都有，我不是说要最新的那种，最起码也要很笼统。"
> —— 北京，男，39岁
> 金融，已婚，三口之家

> "像国外纪录片，原先在电视，现在线上也有，但是有些主题不一定搜索得到，不一定全都有。"
> —— 北京，女，58岁
> 个体，已婚，两口之家

- 内容丰富 —— 内容
- 正版影视、画面清晰 —— 画面
- 剧集完整、无缺集少集 —— 完整
- 热播剧集更新速度快 —— 更新

数据来源：《2015年互联网电视典型用户深度访谈与观察》
(北京、上海、广州、成都4城市，20个典型家庭)

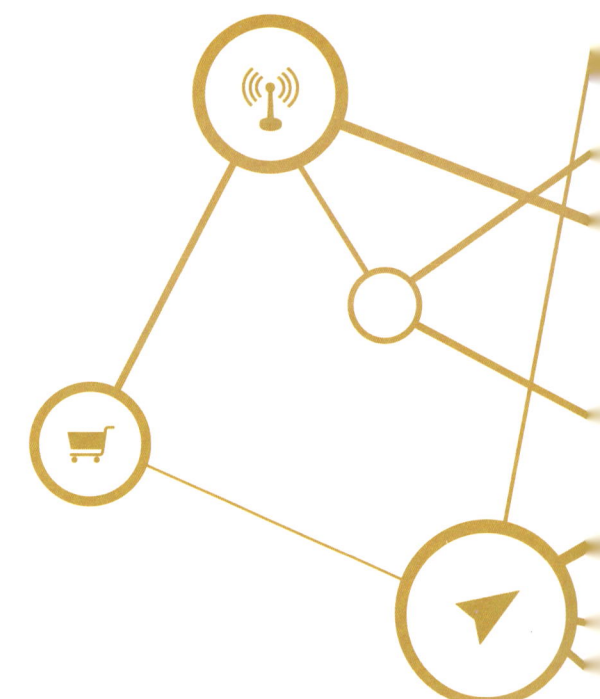

2016年将是互动电视生命周期曲线上行线呈突进态势的时期，随着用户规模的大幅扩大，互动电视产生的巨大流量和入口效应将成为主流，互联网电视广告的变现能力将突飞猛进。预计到2017年年初，这个发展曲线会达到第一个"峰值"。

—— 优朋普乐科技有限公司副总裁 韩怡冰

第三部分 营销篇
2015 互联网电视广告的新机会

互联网电视用户
不排斥广告出现

用户访谈发现，大部分互联网电视用户表示，互联网电视上出现广告很正常，但是不要像电视台广告那样时间太长，只要不是影响用户正常观看的广告，都可接受。

"我感觉互联网电视上的广告要比传统电视的广告好太多了，没有传统电视广告那么长。"

—— 广州，男，45岁
洋酒销售商，五口之家

"我特别讨厌传统电视的广告，经常会在电视剧中间跳出来，而且广告和电视剧内容完全无关。"

—— 广州，女，25岁
文员，四口之家

"互联网电视广告可以接受，但是最好知道我的兴趣爱好，不要什么广告都播给我看。"

—— 北京，男，31岁
IT，三口之家

"有一些广告例如暂停时候的广告，不干扰我的观看，这种广告我是能接受的。"

—— 北京，女，26岁
教师，三口之家

"现在的互联网电视，广告太少了，我经常是连续看四五集电视剧，连上厕所的空都没有。我愿意有些广告，例如我看了两集了，就插入点广告，好提醒我上厕所或活动一下，这样的广告我能接受。"

—— 成都，女，50岁
财务，三口之家

数据来源：《2015年互联网电视典型用户深度访谈与观察》
（北京、上海、广州、成都4个城市，20个典型家庭）

互联网电视
让营销进入"大屏时代"

互联网电视屏幕是除 PC、移动设备以外的第三块屏幕。随着互联网电视普及度的不断提高,互联网电视也成了广告主关注的重要平台。

针对广告主的访谈发现,大屏幕的互联网电视广告有着与生俱来的冲击力与画面张力,能有效地实现 PC 或 Mobile 无法实现的画面效果。因此,很多广告主表示愿意尝试投放互联网电视的"大屏广告"。

> "大屏幕和全屏广告对于品牌的展示很重要,互联网电视的广告可以是全屏广告,我觉得这是互联网电视广告的一个优势。从这方面来说,互联网电视的广告体验比 PC 和移动端的更好。"
>
> —— 海尔家电产业集团营销总经理 宋照伟

> "电视依然是品牌投放的重点媒体,互联网电视带来的大屏冲击力对广告的效果而言更有优势。"
>
> —— 资深品牌实战专家 吴敬铭

互联网电视广告与传统电视广告可以形成互补

收看互联网电视的人越来越多，原本只看传统电视的人，开始既看传统电视的直播又看互联网电视的点播，或者只看互联网电视而不看传统电视。这一媒介接触行为的转变，让广告主看到了互联网电视与传统电视广告互补的营销价值。

根据 IAB 数据分析，一次互联网电视广告带来的品牌知名度与信任度的提升与 15 秒电视广告基本一致，在品牌信息关联度上甚至更胜一筹。合理有效的广告互补，使得投放的效果变得"1+1>2"。

互联网电视的互动模式可以将一些需要与受众进行互动的广告活动，通过互联网电视进行投放。此外，与电商的融合也是广告主比较看重的，很多广告主希望通过互联网电视广告打造出一片新的媒体传播阵地，进一步覆盖互联网和传统电视所不能覆盖的人群。

3.4 互联网电视广告 + 传统电视广告可以产生更好的传播效果

访谈研究发现，对于目标受众以年轻人为主，以快消、时尚、数码、汽车类为主的产品类型，以建立品牌、产品认知度为目的的广告适合在传统电视和互联网电视上同时投放，而一些比较新潮的以及需要更多、更丰富的内容加以展示的产品，则可以考虑在互联网电视上进行重点投放。

电视类型	传统电视	互联网电视
人群	中老年、中低学历、中低收入人群的规模相对较大	中青年、中高学历、中高收入人群较多
观看时段	18:00~22:00 为核心高峰时段	高峰收视时段更多，投放时间选择更加多元化
互动	互动的类型较少，仅支持单向互动	互动的类型多，支持双向互动，还可以支持跨屏等创意营销

互联网电视引发电视互动热潮，为互动营销提供机会

互联网电视典型用户深度访谈研究发现，互联网电视引发了用户对互动的兴趣，用户不仅会交流某一内容或节目的观看体验，也会彼此推荐用于观看的硬件设备（盒子、一体机）；用户会通过微信、朋友圈等社交工具推送有趣的内容给好友，也有越来越多的人开始在互联网电视上开展剧评、评分、抢红包等积极的互动活动，互联网电视用户将其生动地形容为"线上朋友圈，线下聊聊天，看电视投票评分还能抢红包"。因此，在互动营销方面，互联网电视还有较大的创意空间。

线下交流
硬件使用体验

"很多客户跟他们熟了，聊得来的客户，有时候问我这么大的电视还上网要多少钱，我说几千块钱。他们问有什么功能？我就跟他们说说，有时候还操作给他看。"

——上海，女，41岁
财务，已婚，三口之家

微信互动
分享有趣内容

"有一个比较好的朋友，经常给我分享，说这个电视剧很好看，然后就用微信将相关信息分享给我。"

——上海，21，男
学生，未婚，三口之家

内容互动
积极参与节目内容

"有了互联网电视，非常方便，我参加过投票、节目内容竞猜、剧评、评分等形式的互动，对了，还有抢红包。"

——成都，25，男
游戏策划，未婚，五口之家

数据来源：《2015年互联网电视典型用户深度访谈与观察》
（北京、上海、广州、成都4个城市，20个典型家庭）

互联网电视广告的"互动性"创意模式

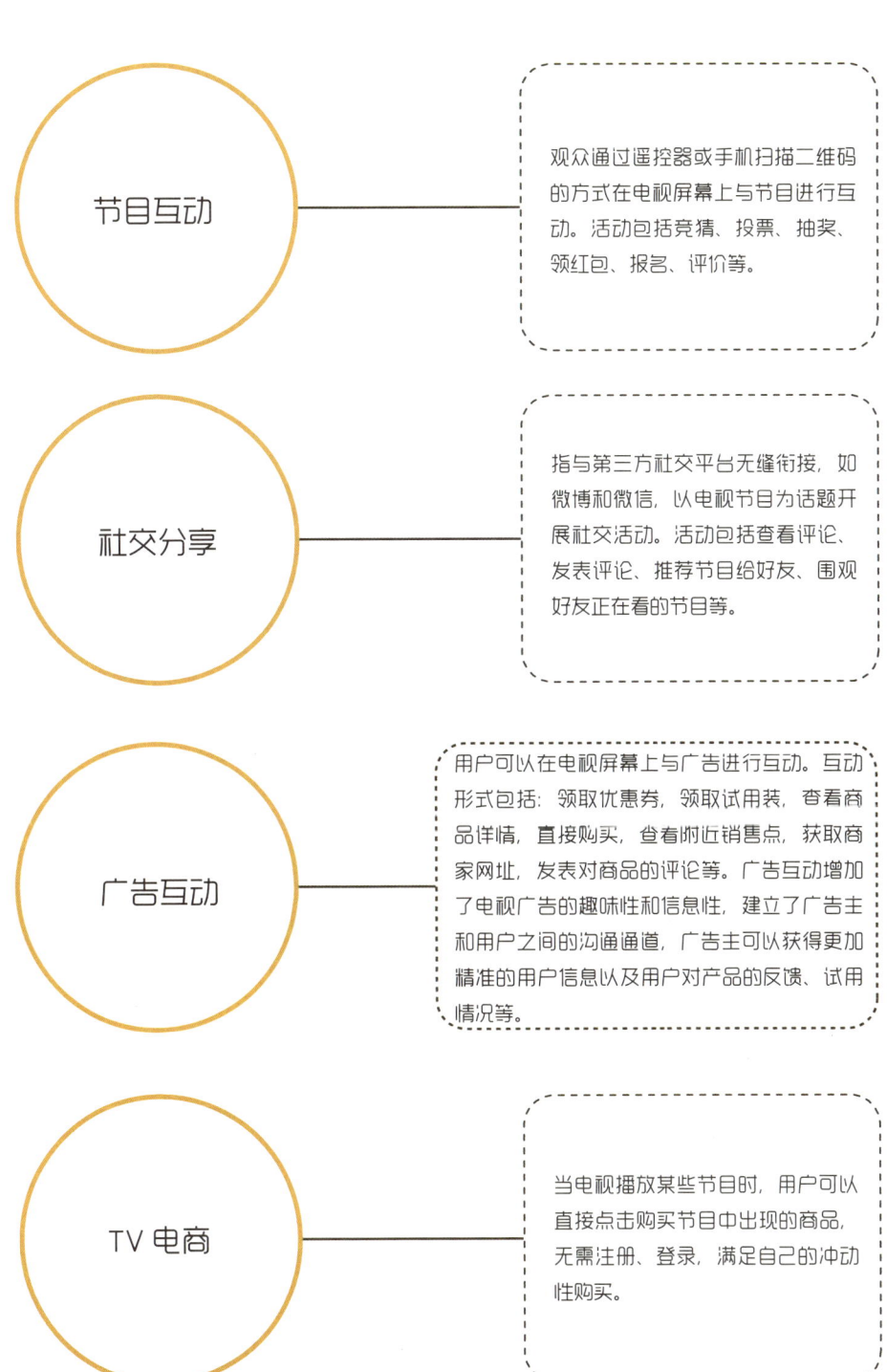

未来：程序化购买
成为互联网电视可探索的方向

目前中国程序化广告市场处于快速成长期，预计到 2017 年，中国程序化广告市场整体占有率将提高到 28.2%。我国的大数据越来越开放，程序化购买+将构建营销新生态，预计到 2017 年，我国的程序化购买市场规模将达到 282 亿元。

伴随着 OTT 平台上越来越多第三方平台（如用户可以通过 OTT 登录淘宝网下单购买等）的接入，投放机构也可以通过第三方平台的用户 ID 识别，做到更为精准的用户判断与用户画像。

"通过大数据对用户进行分析，贴上相应的标签，在广告主的需求标签和用户标签相吻合时，广告就可以推到该用户面前了。通过数据去挖掘用户，去锁定用户，从而使电视广告变得更加有效、高效、精准。"

—— 泰一指尚（Adtime）科技有限公司董事长 江有归

3.8 新的数据融合标准与广告价值评估标准亟待完善

传统电视是免费商业模式的开创者,即向观众提供免费的节目,然后用观众的注意力换取广告主的投放,并获取广告收入。在这个过程中,收视率成为各方通用的交换货币。但大数据的应用将彻底改变这种商业模式,传统的收视率受到质疑,广告商、电视台和数据商多年形成的铁三角关系也将被打破。

大数据时代,数据挖掘注定会成为包括电视台在内的视频运营商的杀手级应用,谁能真正获得大数据的基础数据和商业开发能力,谁就会在下一轮发展中赢得先机。对于电视台来说,建立并提高数据部门的战略地位,从粗放式管理转为精细化管理,用互联网的思维来运营电视,是应对竞争的不二选择。

在收视评估环节,由于视频运营商掌握了海量和精确的用户和收视数据,抽样数据与全量数据的融合将成为新的收视评估方法。

目前数据监测行业上对互联网电视广告的监测仅能到户,即监测系统回收的广告数据是户广告数据,而互联网电视广告监测到人已经实现。随着互联网电视广告市场的成长,围绕互联网电视用户的精准调研与广告评估标准将会更加完善。

精细化到人广告监测全面支撑互联网电视广告的营销拓展

目前数据监视行业上对互联网电视广告的监测仅能到户，即监测系统回收的广告数据是户广告数据。尼尔森网联为实现优朋普乐互联网电视广告监测到人的需求，根据过往的研究积累，本次的调研数据以及海量监测数据设计了专有的广告到人模型。

3.9.1 互联网电视广告到人监测及分析模型

互联网电视广告到人建模流程图

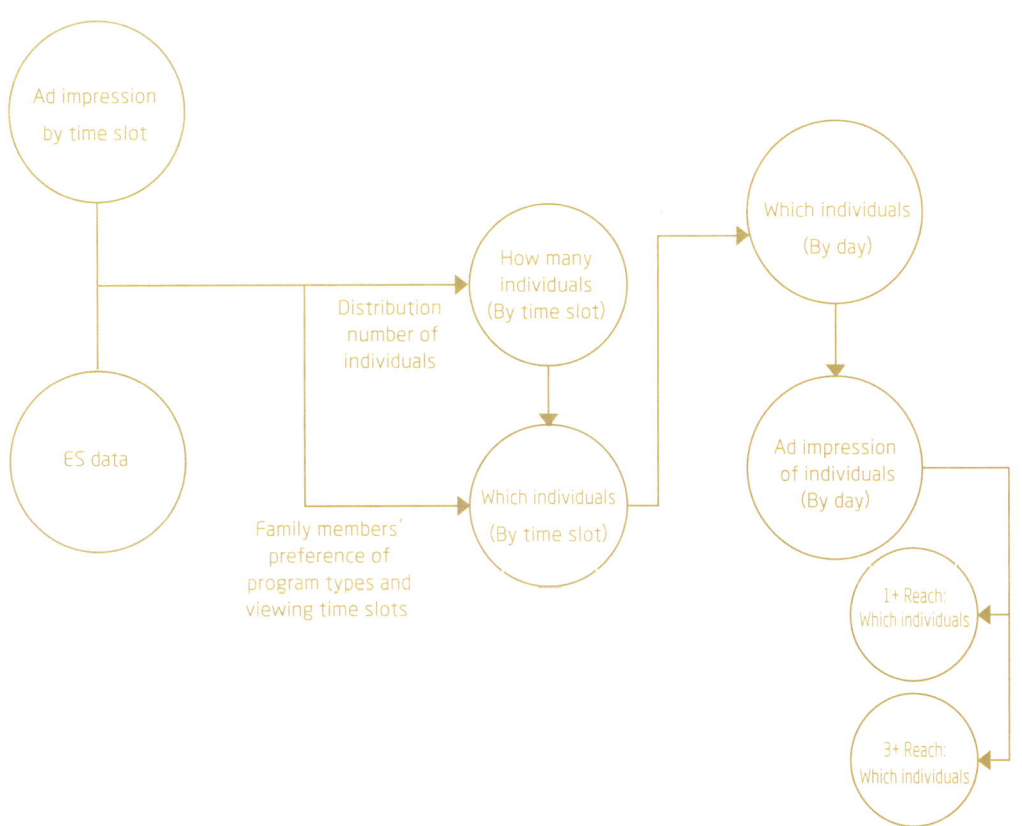

整个模型主要分为 5 个步骤:首先,以调研数据和海量监测数据为模型数据基础;然后是核心的第 2、第 3 步,确定家中有几个人在看广告以及到底是哪几个人在看广告;最后两步则计算每个人看了几次广告,并以此计算接触过 1 次广告的是哪几个人、至少接触过 3 次广告的是哪几个人。

模型来源:优朋普乐互联网电视广告到人模型 - 尼尔森网联于 2015 年 9 月专为优朋普乐设计

步骤 1：准备数据源

真实完整、格式正确的数据源是建模的基础，为建立优朋普乐互联网电视广告到人模型，首先需要准备两个数据源：Ad impression by time slot 和 ES data。

互联网电视广告到人建模步骤 1 模块说明

名称	图解	说明
ES data	Family member1 Sex Age Family member2 Sex Age …	通过大样本基础调查得到的用户家庭每个成员的信息，包括性别、年龄以及收视偏好等；这些用户家庭将作为互联网电视广告到人模型的样本户。
Ad impression by time slot		该项内容通过从后台系统提取的广告数据整理得到，用以显示ES调查回收的样本用户对应的家庭互联网电视终端在每个时段的广告播放情况。

由于互联网电视媒体具有"点播即触达，内容即广告"的价值特性，我们在 ES data 中了解了样本户家庭成员对内容的偏好，家庭成员对内容的偏好与其对内容的收视可能性呈正相关关系：家庭成员收看某内容的可能性越高，该内容或内容所在页面所插入的广告被曝光的可能性就越高。

3.9.1.2

步骤 2:
分时段计算广告收视人数与节目收视偏好之间的关系

通过 ES data 可以知道样本户中各个家庭成员通常在哪些时段收看互联网电视、通常收看哪些类型的节目；进一步统计分析可以得到样本户家庭在不同情景下的收视人数分布情况，该数据可以帮助我们确定样本家庭户在这一时段收看节目的有几个人，即在进行广告到人建模时一个样本户中有多少个家庭成员需要被分配到各个收视时段。

互联网电视广告到人建模步骤 2 模块说明

名称	图解	说明
Distribution number of individuals	TIME Slot:1 Program Type:Movie Family Size:3 Num of Viewers / Probability / %Cumulated 1 / 0.8095 / 0.8095 2 / 0.1667 / 0.9762 3 / 0.0238 / 1	通过ES data中数据计算得到的样本户家中有1,2,3……或N个人共同收视时的概率。
How many individuals (By time slot)		使用"Distribution number of individuals"的参数分配广告收视人数，即确定某一时段样本户家中几个人在看广告。

步骤 3:
分时段计算用户广告收视行为与节目收视偏好之间的关系

在步骤 2 中确定了某一时段收看广告的人数后，我们需要进一步确定样本家庭户在这一时段收看广告的 n 个人到底是哪几个家庭成员。在各个时段，我们都要根据广告所属频道和各家庭成员节目收视偏好的匹配情况，确定这一时段收看广告的是哪几个家庭成员。

互联网电视广告到人建模步骤 3 模块说明

名称	图解	说明
Family members' preference of program types and viewing time slots	Your favorite program type? Time slot?	ES data 中每个样本户家庭成员的时段偏好及节目偏好。
Which individuals (By time slot)	Who are they?	通过 "Family members' preference of program types and viewing time slots" 与 "Ad impression by time slot" 的数据匹配度，确定将某一时段的广告监测数据分配给家中哪几个人。

3.9.1.4

步骤 4:
分日计算每户广告收视个体及其贡献的广告曝光量

完成关键的步骤 2 和步骤 3 后，将各时段的广告曝光到人数据加和，得到全天的广告曝光到人数据。

互联网电视广告到人建模步骤 4 模块说明

名称	图解	说明
Which individuals (By day)	Who are they?	经过去重处理后得到：全天家中哪几个人收看了该广告。
Ad impression of individuals (By day)	Family memeber1: Family memeber2:	全天各家庭成员收看该广告的总次数。

步骤 5：
计算每日 1+ 触达和 3+ 触达的广告受众总体分布

通过步骤 4 获得的数据，确定每天家中哪些成员接触过广告 1 次、哪些成员接触广告 3 次及以上。

互联网电视广告到人建模步骤 5 模块说明

名称	图解	说明
1+ Reach: Which individuals	📅28 📺 👤 Who？	当天家中哪些成员只接触过1次广告。
3+ Reach: Which individuals	📅28 📺📺📺 + 👤 Who？	当天哪些家庭成员接触过广告3次及以上。

以上即为广告到人建模的主要流程，该流程相当于替代了收视到人监测中人员测量仪的功能，以模型推导每个家庭收视行为具体是由家中哪一位成员单独完成或由哪几位家庭成员共同完成的。

待分配完毕每日广告具体曝光到哪几个人之后，从 ES data 中导入各广告触达受众的性别、年龄信息，计算各个广告在样本户中一天总的 1+ 触达到人分布和 3+ 触达到人分布，并将此分布数据推及总体。

3.9.2 优朋普乐互联网电视广告到人报告实际案例

以陌陌于 2015 年 8 月在优朋普乐平台上播放的广告放为例，通过尼尔森网联广告监测系统得到的到户报告如下：

尼尔森网联广告监测到户数据报告

广告名称：	陌陌全人物15秒
日期：	2015/8/06~ 2015/8/12

广告曝光量、1+13+ 触达量 by Campaign

广告名称	曝光量	触达量 [1+]	触达量 [3+]
陌陌全人物15秒	22,147,605	1,419,527	989,009

优朋普乐互联网电视广告到人报告实际案例

经过互联网电视广告到人模型处理，得到的广告监测到人数据报告如下：

广告名称	到人曝光量	到人触达量[1+]	到人触达量[3+]
陌陌全人物15秒	42,294,297	3,068,671	2,175,398

广告 1+ 触达到人分布

广告名称	性别_年龄 [1+]	百分比 [1+]
陌陌全人物15秒	Female 04~14	0.0352
陌陌全人物15秒	Female 25~34	0.1740
陌陌全人物15秒	Female 35~44	0.0762
陌陌全人物15秒	Female 45~54	0.0733
陌陌全人物15秒	Female 55~64	0.0333
陌陌全人物15秒	Female 65+	0.0137
陌陌全人物15秒	Male 04~14	0.0516
陌陌全人物15秒	Male 15~24	0.0801
陌陌全人物15秒	Male 25~34	0.1782
陌陌全人物15秒	Male 35~44	0.0935
陌陌全人物15秒	Male 45~54	0.0679
陌陌全人物15秒	Male 55~64	0.0339
陌陌全人物15秒	Male 65+	0.0144

3.9.2 优朋普乐互联网电视广告到人报告实际案例

广告 3+ 触达到人分布

广告名称	性别_年龄 [1+]	百分比 [1+]
陌陌全人物15秒	Female 04~14	0.0341
陌陌全人物15秒	Female 15~24	0.0778
陌陌全人物15秒	Female 25~34	0.1746
陌陌全人物15秒	Female 35~44	0.0811
陌陌全人物15秒	Female 45~54	0.0765
陌陌全人物15秒	Female 55~64	0.0331
陌陌全人物15秒	Female 65+	0.0119
陌陌全人物15秒	Male 04~14	0.0480
陌陌全人物15秒	Male 15~24	0.0783
陌陌全人物15秒	Male 25~34	0.1813
陌陌全人物15秒	Male 35~44	0.0917
陌陌全人物15秒	Male 45~54	0.0661
陌陌全人物15秒	Male 55~64	0.0346
陌陌全人物15秒	Male 65+	0.0108

从上述"陌陌全人物 15 秒"的广告监测到人数据报告中可以发现，陌陌于 2015 年 8 月在优朋普乐平台上投放的广告是十分有效的。该广告的受众年龄主要在 15~54 岁之间，以 25~34 岁的青年受众最为集中。通过持续的广告投放，陌陌得以在"90 后"的固有受众群体中树起品牌新定位，同时吸引以"80 后"为主的原本非陌陌主要用户群体，以保持用户量级的持续增长。

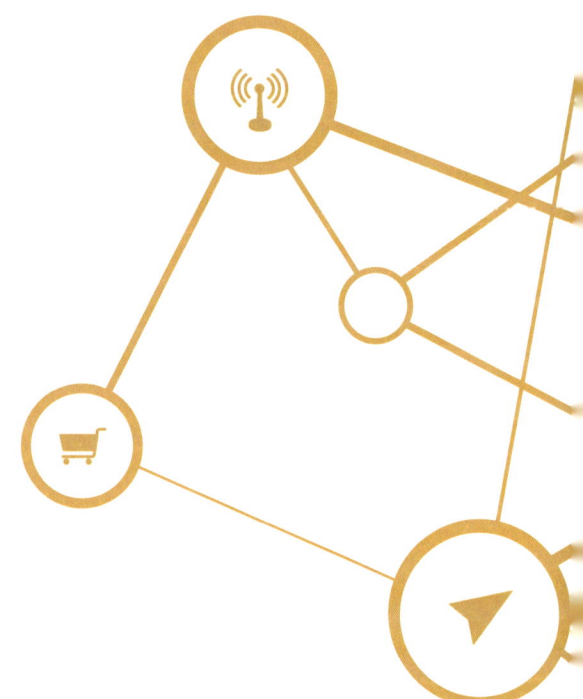

互联网电视拥有信息化社会最先进的生产力基因,具有强大的生命力,代表着媒体的发展方向。期待着以互联网电视为代表的互动电视能得到高速发展。

——广东南方新媒体发展有限公司董事总经理 林瑞军

附录 1
解读美国互联网电视的受众与广告市场

不同于中国市场，美国市场对互联网电视的定义相对更加广义：所有通过互联网连接到电视屏幕的收看、应用都涵盖在互联网电视的范畴之中，并不仅仅指智能电视和互联网电视机顶盒。举例来讲，内置了互联网连接功能的智能电视、OTT机顶盒、DVD、蓝光机等都属于互联网电视的范畴。此外，电视游戏机等其他家庭娱乐设备，只要包含了互联网连接功能，同时又以电视屏作为输出和应用终端的，都被统称为互联网电视（Connected TV – CTV）。相比单一的智能电视和OTT机顶盒这一定义的范围更加广泛，除了以上提到的互联网连接的终端硬件设备，还包括了在CTV终端硬件设备上的各种内容APP应用等。以下我们针对美国互联网电视市场、受众、广告的解读都将基于这一范畴和概念进行。

起步于互联网电视游戏的美国CTV市场——整体概览

从整体的互联网电视终端设备的角度进行考察，我们会发现一个非常有意思的现象：包括欧洲和美国市场在内，互联网电视终端设备在2010年刚进入市场的时候，电视游戏终端占据了大部分的主流市场，包括Play Station和Xbox在内的电视游戏终端是最早的互联网电视接入设备。这和中国互联网电视市场的发展初期是完全不同的，与之相反，电视游戏设备在中国一直没有获得相关的市场准入，直到2014年通过与国内企业的合资方式，PlayStation和Xbox才最终正式进入中国市场。

尽管美国的互联网电视发端于电视游戏终端，但是随着众多市场参与者的加入，其所处的主导地位在不断受到挑战并被蚕食。Digital TV Research (DTR) 的报告显示：2010 年，电视游戏终端占据了 CTV 市场份额的 51%；之后由于智能电视和互联网机顶盒的迅速发展，电视游戏终端逐渐失去了大量的市场份额；到 2014 年，这一比例已降到 31%。Digital TV Research (DTR) 同时预测，到 2020 年，电视游戏终端的市场份额将下降到 21%，蓝光机将占据约 10% 的市场份额，而包括 Roku 和 Apple TV 在内的流媒体机顶盒占比将从 4% 增加到 19%，付费互联网电视机顶盒运营商如 Comcast 的 X1 则会增长到 14%，见下图。

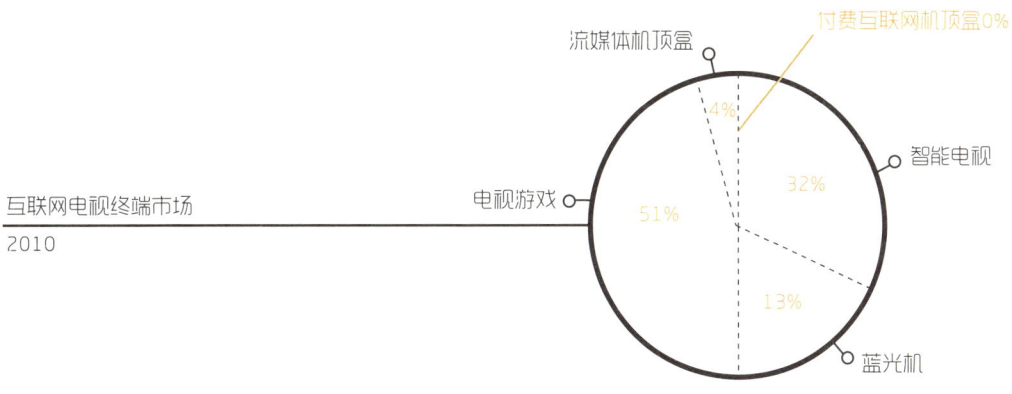

互联网电视终端市场 2010

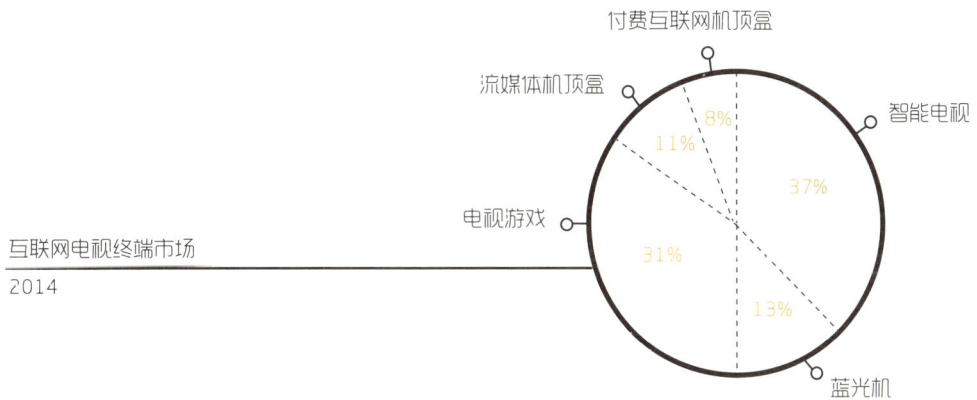

互联网电视终端市场 2014

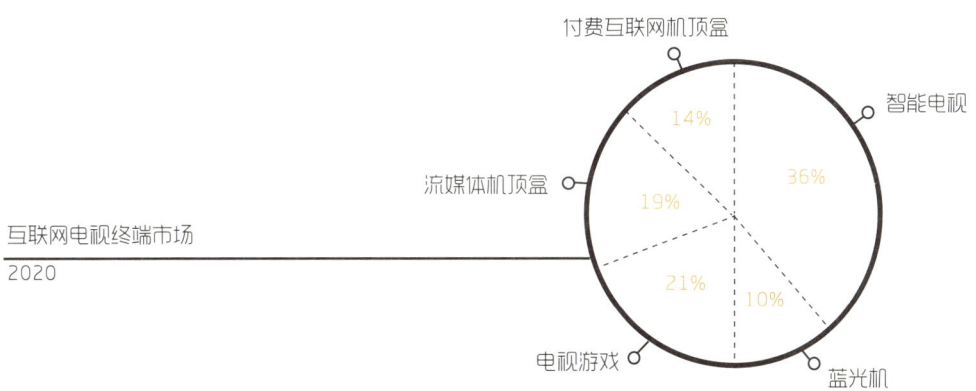

互联网电视终端市场 2020

数据来源：Digital TV Research（DTR）

同样根据 Digital TV Research(DTR) 的预测，从全球的角度来看，通过互联网连接的电视机在 2020 年将达到 9.65 亿万台，而这一数据在 2010 年为 1.3 亿万台，在 2014 年 3.39 亿万台。可见在未来的 5 年，互联网电视将进入快速发展阶段，市场终端将呈现大约 3 倍的增长，而在未来 5 年新增的 6.26 亿万台互联网电视终端设备中，预计中国市场将贡献 1.6 亿万台、美国市场 9500 万台、印度 7500 万台。与此同时，基于中国市场潜在的巨大增长空间，这一市场将不乏中国本土的和国外的各类市场和行业参与者的加入。

具体到不同终端的市场占有情况，数据显示：2011 年，智能电视机占美国电视机市场总出货量的 25%，目前这一数字已增长到 60%，其中三星以 35% 的份额位居市场第一，其后紧随的是 Vizio、Sony 和 LG。一般来说，智能电视厂家的互联网接通率在 70% 左右，在某些国家如英国甚至可以达到 86%。

与此同时，一些互联网电视机顶盒厂家如谷歌和亚马逊，依托更高的性价比获得了快速的市场增长，并对智能电视市场形成了冲击。此外，智能电视行业缺乏统一的标准、接口和应用，而互联网电视机顶盒类产品在技术实现上具备更强的灵活性，价格更便宜，推出市场的速度更快，因此其高于消费者接受度智能电视。在美国，谷歌的 Chromecast 和 Roku 占据了一半左右的互联网电视 (OTT) 机顶盒市场。

互联网电视的发展和随之形成的巨大市场空间，对广告主和代理机构产生了巨大的吸引力。对他们而言，互联网电视平台是极具价值的视频播放和广告渠道，而来自互联网电视受众的行为和反应也支持了这样的市场判断。比如，观看短视频和点播电视节目的用户比订阅或观看付费影视的观众对广告的支持意愿更强；将近 90% 的互联网电视用户会注意到平台上的广告，尤其是视频贴片广告，其中大部分用户会与广告进行互动；近五分之一的用户最终会购买在互联网电视广告中看到的产品。来自受众行为研究的结论显示，互联网电视的内容对品牌而言是巨大的广告机会，可以有效地提高品牌认知度和观众参与度。

由此，针对互联网电视受众的研究也变得更有价值：谁在使用互联网电视？他们都在收看什么内容？他们在什么时间、在哪里、为什么、怎么去观看互联网电视？这些针对互联网电视受众行为和偏好的深入研究，将向广告主和代理机构揭示互联网电视领域巨大的广告机会和市场潜力，也是下面我们将详细讨论的内容。

千禧一代和中产人群——
主体受众构成

无论是互联网电视发展的初期,还是广告业务及市场持续推进的当下,互联网电视的主体受众都将成为拥抱互联网电视新形态广告的主要群体和市场推动力。从以往针对这一群体的研究和数据来看,我们大体可以描绘出这一群体的构成:

1. 互联网电视用户都很年轻且多元化,通常至少与一个人同住。实际上,在多口之家中,通常会有多个家庭成员使用过互联网电视。

2. "千禧年人群 - Millennials"(专注于生活类、快消和消费电子品牌)和"中产人群 - 中等收入以上的富裕家庭"(专注于汽车、金融类广告)构成了受众的主体。

3. 受众通常具备高度投入性和长时间收看行为以及其他互联网电视接入设备使用行为。这类受众群体会更多地寻求观看时间较长的节目内容,而不像手机和平板用户那样会更多地选择观看快餐类的短视频或时间短的内容。

4. 以千禧一代为代表的受众群体有一个很重要的趋势:不再喜欢收看线性播出的传统广播电视节目,相对,他们更喜欢收看点播类的节目。

Ooyala 的数据显示，在观看互联网电视的人群中，有 61% 的观众收视时长超过 30 分钟，40% 的观众观看时长超过 60 分钟。随着互联网电视终端的内容逐渐丰富，比如 Netflix 等视频服务的出现，受众对于流媒体内容的需求也不断增长。目前美国互联网电视用户中平均每户拥有 2 台互联网电视终端，而这一数据在一年前为 1.5 台。eMarketer 的数据也显示，自 2012 年以来，互联网电视的受众人群经历了 2 位数比例的快速增长，预计到 2018 年，互联网电视设备将会覆盖美国 58.2% 的人口和地域以及 72% 的互联网人群。

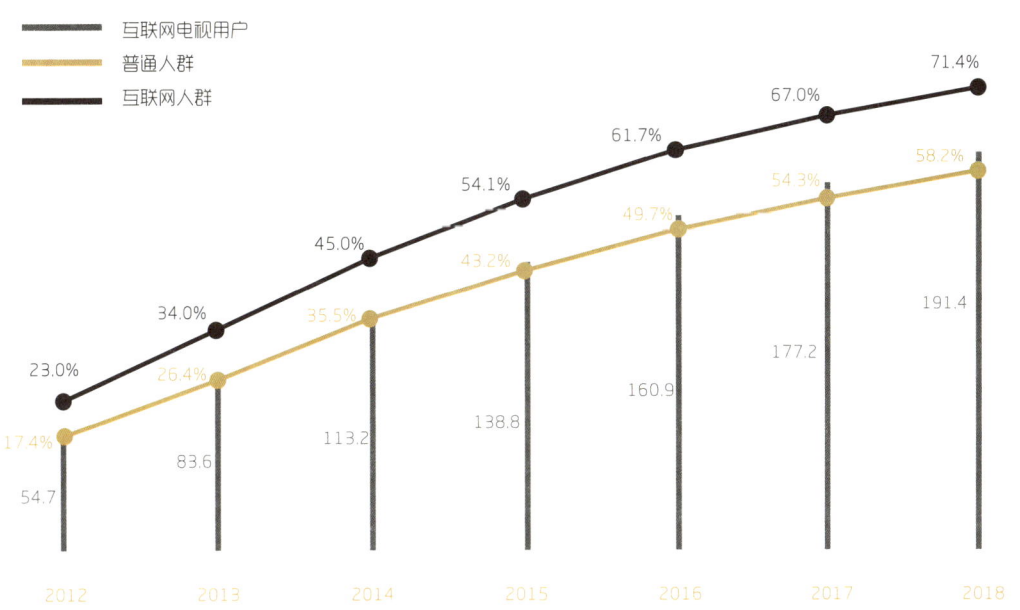

2012~2018 年美国互联网电视用户增长状况

数据来源：eMarketer

Parks Associates 2014 年的报告显示，美国市场一半的 TV 视频节目观看行为中，有 50% 是收看非传统的广播电视节目，而这一比例在 2010 年为 38%。互联网电视提供的流媒体节目观看在 18~44 岁之间的人群中已经成为主流趋势。GFK 的调研也发现，三分之一的美国互联网电视用户之所以选择这类终端，就是因为更喜欢收看流媒体视频而非付费电视业务和传统电视节目。随着这一趋势的逐年发展，原有的电视受众正在远离付费电视和传统广播电视节目，触及受众的终端类型愈加多样化，这些，无疑提高了广告投放达到既定观众触达率目标的难度。

YuMe 的调研报告同时发现，如果从收看的频率和时长两个维度进行考察，智能电视机成为排在 PC 之后的第二大视频收看设备，每周的平均观看时长为 18.5 小时，蓝光机为每周 11.6 小时，游戏机为每周 4.3 小时。数据显示，互联网电视正在把远离电视屏幕的人群重新拉回到客厅里来，而在互联网电视的各类接入设备中，智能电视占据着主流的位置。

各类视频接入终端使用状况

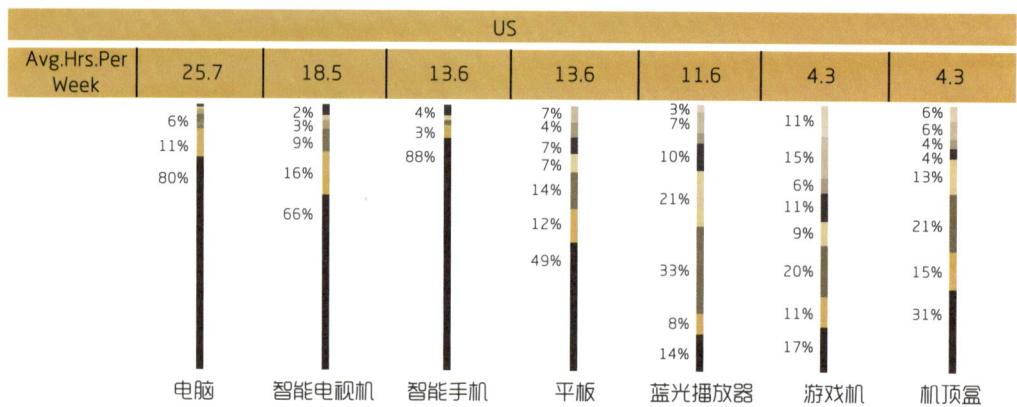

数据来源：YuMe

在 YuMe 与 Frank N. Magid Associates 公司联合进行的另一项针对年龄 18~54 岁之间，通过游戏主机、蓝牙设备或流媒体设备将智能电视联网，并通过 Roku、Apple TV、机顶盒、智能电视等观看互联网视频和其他内容的用户的调研中，对互联网电视的受众和行为偏好进行了更加全面的描绘。研究显示，互联网电视观众的平均年龄为 34 岁，男女比例基本相当；从用户特征上看，拥有互联网电视的家庭中 90% 家庭成员超过两名，这意味着互联网电视主要是家庭使用。

互联网电视用户群体年轻化，多为男性，极为多样性。

- 平均年龄 34 岁

- 58% 为男性

- 44% 非白人用户

拥有互联网电视的家庭通常是多成员家庭，只有 7% 是单人家庭。因此，将近 90% 的互联网电视会由多个家庭成员使用。

这些用户主要可以被分为四个群体：游戏玩家、资深影迷、娱乐达人和潮流先锋。游戏玩家是互联网电视用户群体中最年轻的一群，他们一般没有孩子，收入水平不高，但是通常会有自己的游戏主机并喜欢玩在线游戏或音乐，他们也喜欢购买、消费电子产品和服装首饰等。

资深影迷是互联网电视用户中最年长的一群用户，他们有笔记本电脑和台式机，很多人也会有蓝光播放器。他们最喜欢的休闲活动包括听音乐、看电影、家庭娱乐或者租看电影，他们最常用的互联网电视功能是收看网络上的电影点播。

娱乐达人是第三类人群，他们有孩子，家庭富裕，家庭里通常都有平板电脑和机顶盒，他们最喜欢的休闲活动包括听音乐、烹饪、聚餐和旅游，他们最喜欢用互联网电视看短视频和新闻。

潮流先锋是最有可能有孩子且种群最多样化的一群人：22% 是非洲裔美国人，20% 是拉丁裔，他们大都有智能手机和智能电视，最喜欢的休闲活动包括听音乐和家庭娱乐，他们经常购买衣物服饰、化妆品和个人保健品、汽车等，他们通常用互联网电视收听音乐和收看短视频。

主动选择和交互式应用行为 —— 受众使用偏好

YuMe 的联合调研还显示,互联网电视受众对视频的需求呈现多样化,受众通常在中午至下午 18:00 以收看短视频为主,而工作日晚间和周末主要收看电视点播。客厅和主卧室是他们观看互联网电视的主要场所。互联网电视受众喜欢按照自己的喜好和时间收看点播类的节目,尤其是那些不能通过有线电视或广播网路观看的节目。调研数据显示,互联网电视受众收看内容的偏好会随着收看时段的不同而有所变化,收看短视频通常集中在工作日中午至下午 18:00,工作日晚上和周末的主要内容是点播电视节目。

被访受众每日不同时段互联网电视收看及使用偏好

	6:00~中午	中午~18:00	18:00~午夜	午夜~6:00
周一到周五	邮件 新闻和资讯 电视节目 社交	电视节目 邮件 音乐 短视频	电视节目 电影 点播节目 点播电影	电视节目 电影 点播电影 点播节目
周六周日	电视节目 邮件 社交 新闻和资讯	电视节目 电影 点播电影 点播节目	电视节目 电影 点播电影 点播节目	电视节目 电影 点播电影 点播节目

数据来源:YuMe

互联网电视受众主要用来收看的电视通常放置在起居室或家庭休息室，但同时主卧或其他房间的电视可能也是可联网的。在受访家庭中，平均每家拥有 1.5 台互联网电视，受众在互联网电视的收看环境和场所上具有一定的多样性。

互联网电视在家庭中的摆放位置

47%的用户有1台互联网电视在卧室，其中28%放在主卧，19%在其他卧室

7%的用户有1台互联网电视在书房

52%的用户有1台互联网电视在客厅

29%的用户有1台互联网电视在家庭休息室

4%的用户有1台互联网电视在厨房

5%的用户有1台互联网电视在餐厅

6%的用户有1台互联网电视在地下室

数据来源：YuMe

互联网电视为受众提供了一种全新的、由受众主导的观看方式。多数受众之所以选择在互联网电视上收看电视节目和电影作为放松方式，是因为"电视上可选择的内容太少了"。他们也会通过互联网电视回看错过的电视剧或者利用互联网电视的丰富资源在适当的时间收看自己喜欢的电影。

受众选择互联网电视进行互联网接入的原因

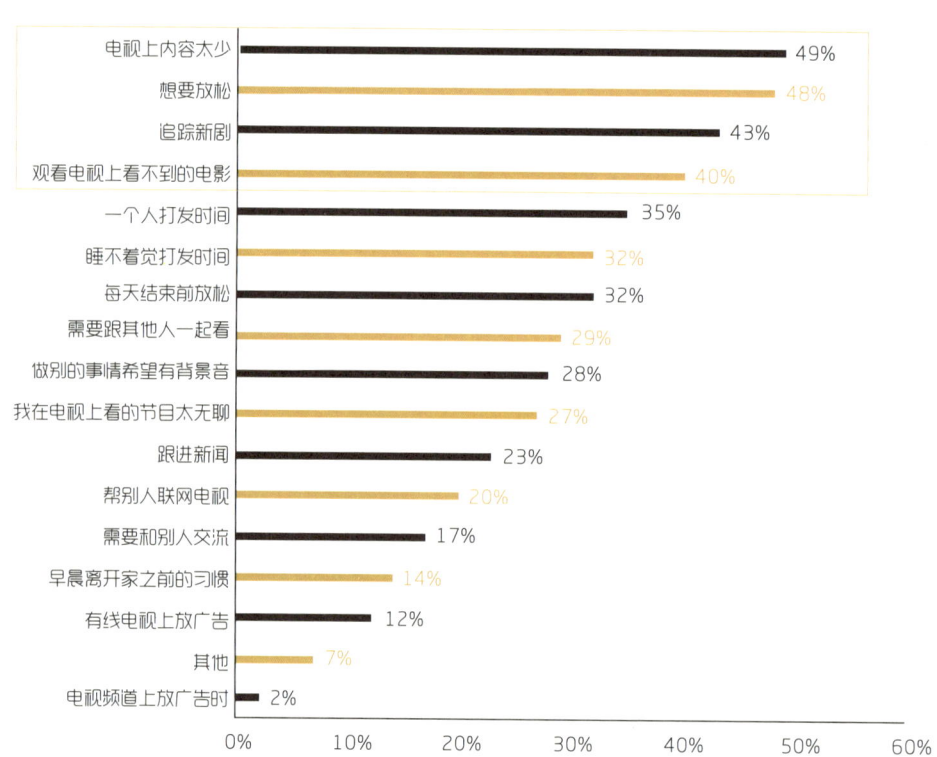

数据来源：YuMe

在受众通过互联网电视终端设备联网的过程中，有28%的互联网电视受众通过游戏主机联网，43%通过联接到游戏主机上的其他设备，比如蓝光播放器、智能电视、流媒体设备和机顶盒等，有些人则会用多种设备来联网。

互联网电视用户联网设备

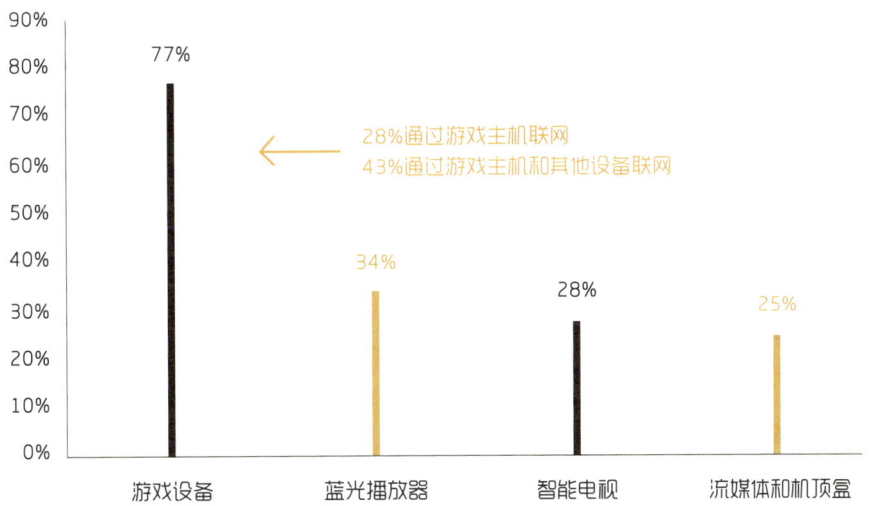

数据来源：YuMe

接入互联网的互联网电视受众有 22% 每天都会收看流媒体短视频，这一比例与互联网上播放的电视节目量及流媒体电影量接近。从每日的收看行为上看，流媒体电视节目的内容比互联网上的流媒体电影更受欢迎，而流媒体短视频也有相近的关注度。付费电视和有线网络上不会播放的具备专业制作水平的短视频越来越受欢迎，有 81% 的受访者都曾收看。这类内容的快速发展在未来数年内都将值得关注，也有望吸引越来越多的观众。

互联网电视收看频率及内容占比

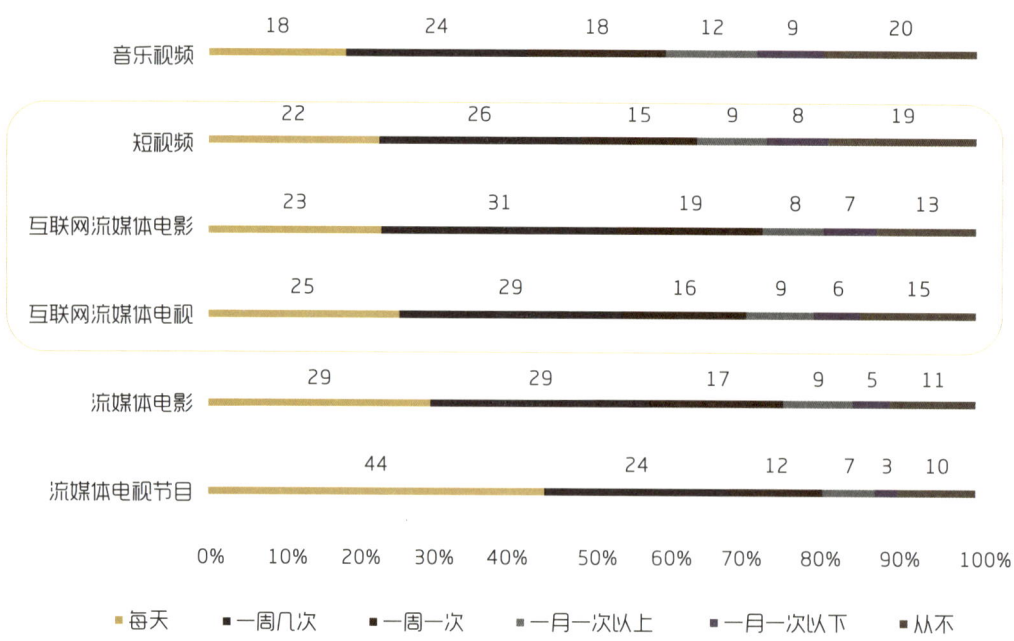

数据来源：YuMe

互联网电视受众主要会主动去搜索自己想看的各类内容，有些受众也会通过各类接入设备中的菜单去寻找想看的内容，比如游戏主机、蓝光设备、流媒体设备或智能电视，还有些受众会通过朋友和家人的推荐决定观看内容。

互联网电视受众如何寻找收看内容

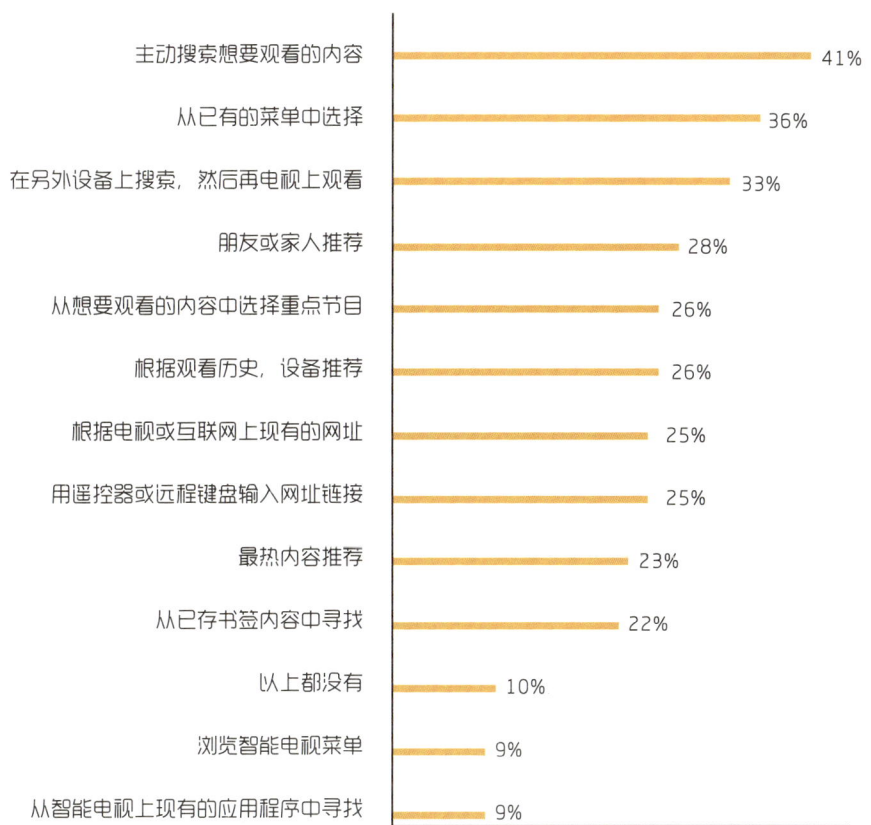

数据来源：YuMe

互联网电视受众也积极使用相关的应用软件收看自己喜欢的内容。调研显示，超过 75% 的受众有超过一半的时间在使用终端上的各类应用软件收看视频内容。最流行的视频应用是 Netflix 和 YouTube，Hulu 和 Amazon Instant Video 紧随其后。虽然 Netflix 在互联网电视的应用软件中占有绝对的市场优势，但是调研也显示，互联网电视用户不希望在视频开始后有广告影响观看体验，因此对于广告商而言，YuMe First Impression 等电视主界面展示式广告形式，在用户进入无广告内容之前推送广告可以更加有效地传递品牌信息。

使用不同渠道观看视频的时间分布

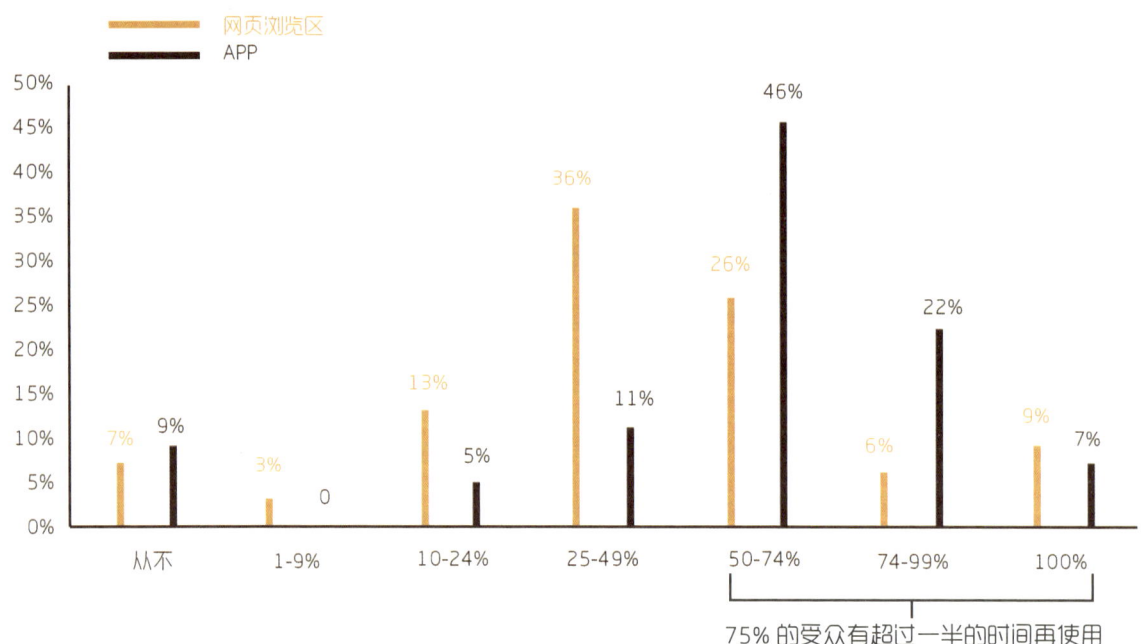

数据来源：YuMe

注重交互与形式创新
—— 受众的广告认知与广告市场的开拓

YuMe 的联合调研显示,在互联网广告的收看行为方面,近 90% 的互联网电视受众都记得曾在互联网电视上收看过广告,其中受众所注意到的广告中 57% 是视频贴片广告。大约 70% 的互联网电视受众会与相关广告互动,其中 19% 最终会因为观看互联网电视的广告而购买广告中提及的产品。

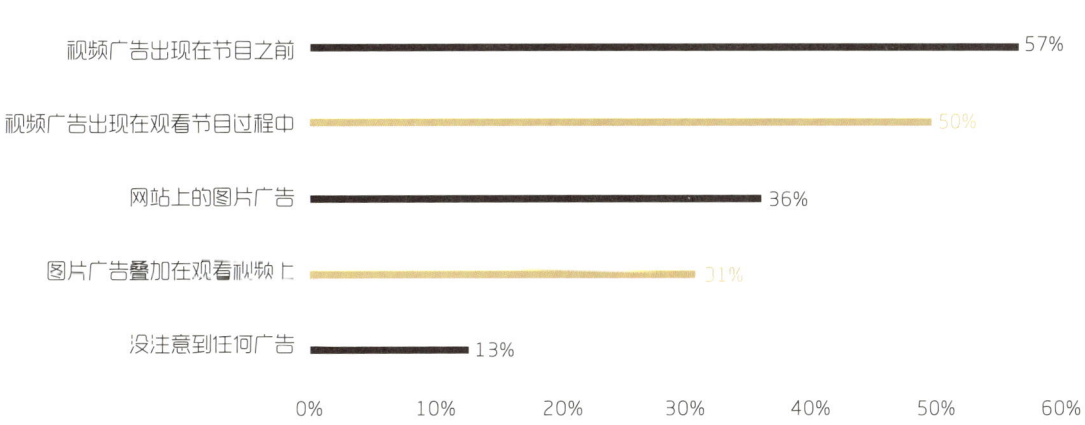

互联网电视用户看到广告的情况

- 视频广告出现在节目之前 57%
- 视频广告出现在观看节目过程中 50%
- 网站上的图片广告 36%
- 图片广告叠加在观看视频上 31%
- 没注意到任何广告 13%

数据来源:YuMe

在付费收看方面，相比无广告的付费内容，有 60% 的互联网电视受众倾向于有广告的免费内容。受众认为有广告的内容是一种双赢：自己收看了高质量的免费内容，作为交换，他们愿意为此收看广告。收看内容的不同也影响着受众的付费意愿，在流媒体电视和电影内容领域，受众的付费意愿明显较高。

受众对免费/付费收看的偏好

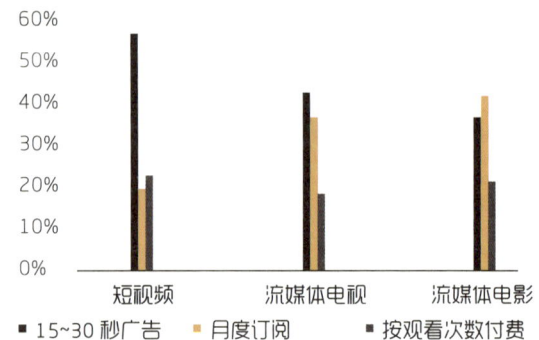

数据来源：YuMe

互联网电视受众也保持了与广告较高的互动性，有 70% 的互联网电视受众称自己会与电视上的广告互动（如点击了解更多信息），高达 19% 的人会购买自己在互联网电视广告上看到的产品。

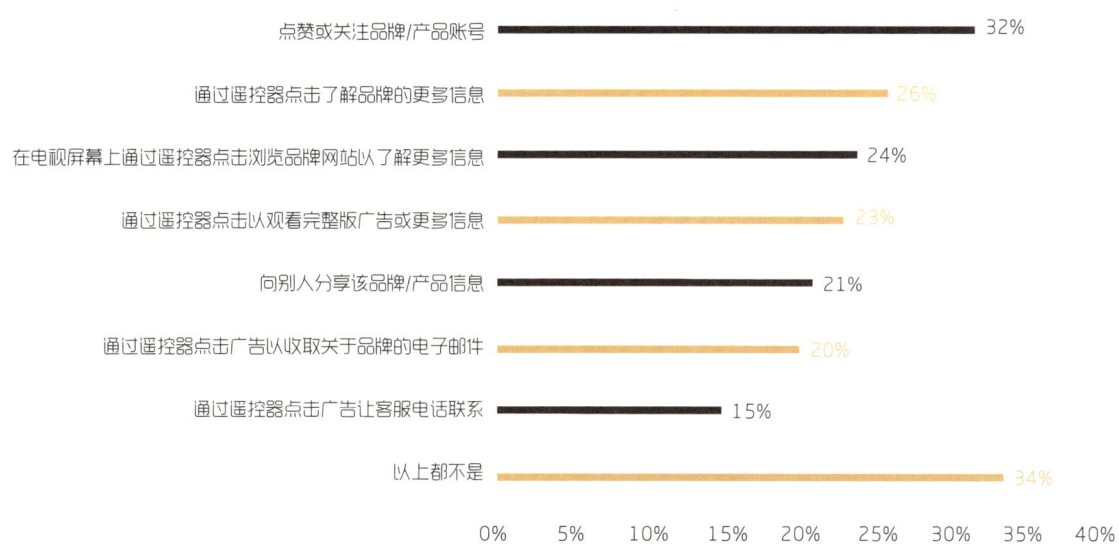

互联网电视用户与广告的互动

- 点赞或关注品牌/产品账号 32%
- 通过遥控器点击了解品牌的更多信息 26%
- 在电视屏幕上通过遥控器点击浏览品牌网站以了解更多信息 24%
- 通过遥控器点击以观看完整版广告或更多信息 23%
- 向别人分享该品牌/产品信息 21%
- 通过遥控器点击广告以收取关于品牌的电子邮件 20%
- 通过遥控器点击广告让客服电话联系 15%
- 以上都不是 34%

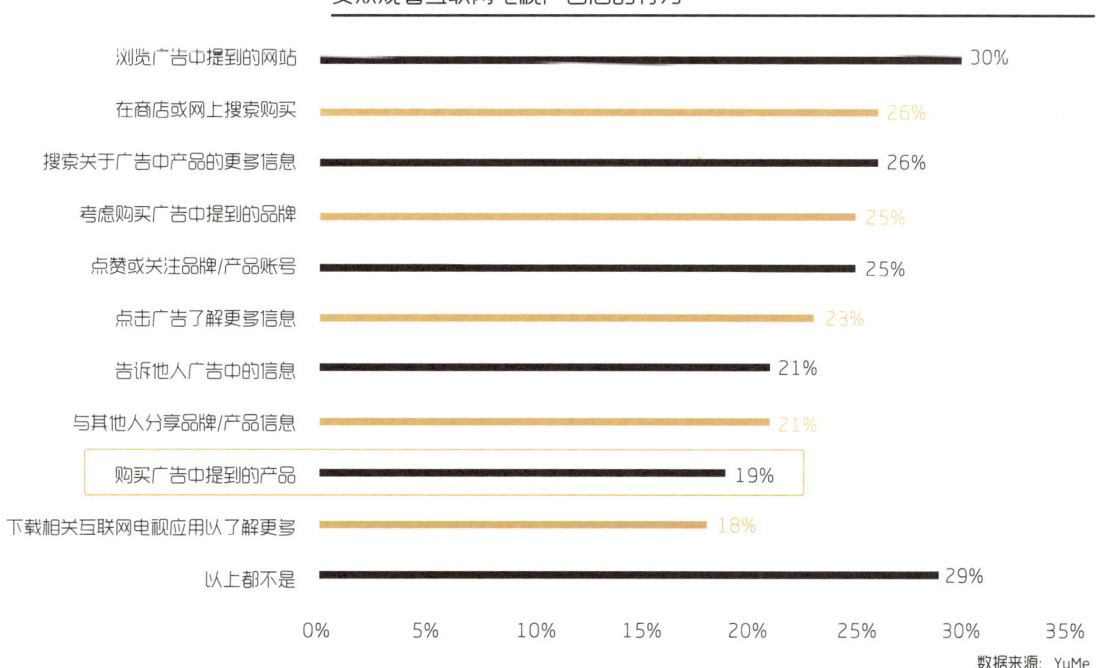

受众观看互联网电视广告后的行为

- 浏览广告中提到的网站 30%
- 在商店或网上搜索购买 26%
- 搜索关于广告中产品的更多信息 26%
- 考虑购买广告中提到的品牌 25%
- 点赞或关注品牌/产品账号 25%
- 点击广告了解更多信息 23%
- 告诉他人广告中的信息 21%
- 与其他人分享品牌/产品信息 21%
- 购买广告中提到的产品 19%
- 下载相关互联网电视应用以了解更多 18%
- 以上都不是 29%

数据来源：YuMe

互联网电视对品牌商而言是巨大的广告机会，短视频的兴起和受众较高的收看广告以换取免费视频内容的意愿，都说明这种全新的媒体形态可以有效地提高受众的认知度并进行深度互动。对于流媒体电视剧和电影等长视频而言，类似 YuMe FIU First Impression Unit 这样的独特广告单元能够帮助品牌商在轻广告的环境中触达目标人群。广告主和代理机构，最好能够迅速行动，以抓住这些参与度高、关注度高的用户群体，行动越快，越能获取最大的价值。

互联网电视各类接入终端的操作系统、硬件、中间件各不相同、形态多样，复杂的软硬件环境使得市场在面对这样一个媒体渠道时产生了一定的困惑，同时也影响了市场对于是否能获得较好的整合投放效果的判断。在美国互联网电视广告市场发展的初期，由于对整体的市场研究的支持非常有限，广告投放缺少必要的受众数据分析，同时市场也面临着多种媒体混合投放的平衡、受众观看习惯转移、设备终端碎片化等压力，品牌广告主主要关注的是互联网电视相对于传统电视投放的形式创新和技术平台创新。

随着市场的不断拓展，互联网电视的广告市场也逐渐向更加规范化的方向发展，以 YuMe 为代表的国际先锋主要从两个方面推动这一市场的发展：一是科学和规范化的广告投放计划，二是对广告形式和投放形式的创新。

在广告投放的规范化方面，相关机构开始积极与第三方公司合作，一方面对整体的受众市场以及受众的行为偏好、行为特征、广告影响效果等进行监测和分析，另一方面借助第三方公司的数据和研究模型，开发全新的广告效果评估和预测工具，对广告主的预算进行优化和多平台资源之间的分配，以获取传播效益的最大化。例如 YuMe 与尼尔森（Nielsen）共同开发的互联网电视广告触达计算工具，这是全美第一个专门针对互联网电视广告资源的效果投放预测工具，可以实现在多个视频媒体之间的资源平衡和优化配比，从而提升品牌传播效益并降低 eCPM。

在广告形式和投放形式创新方面,相关机构也作出了积极的尝试。在广告形式方面增加了互动性和创意性,吸引受众参与成为主改方向,YuMe 曾联合三星和 LG 为广告主提供创意工作室服务,免费将广告主的电视广告内容进行更符合互联网电视收看习惯和互动习惯的创新处理,以增强受众的互动意愿;在投放形式方面相关机构也开发了一系列投放工具,简化了整体的投放流程,方便了投放行为和操作。

互联网电视交互式广告

从全美和西欧的整体市场来看,以 YuMe 为代表的互联网电视广告相关机构在市场拓展和服务创新方面呈现出四个主要趋向:

1. 整合跨屏的视频品牌广告投放

在碎片化的内容消费时代，多屏间的复杂组合为品牌影响力的提升提供了全新的机会，广告主可以利用不同的受众和目标消费者接触点，增强广告讯息和品牌故事的传播效果。而通过与第三方公司的合作，相关机构能够在科学、规范的受众研究的基础上，探索跨屏广告投放组合的效益最大化和资源优化。

跨屏广告效果分析示例

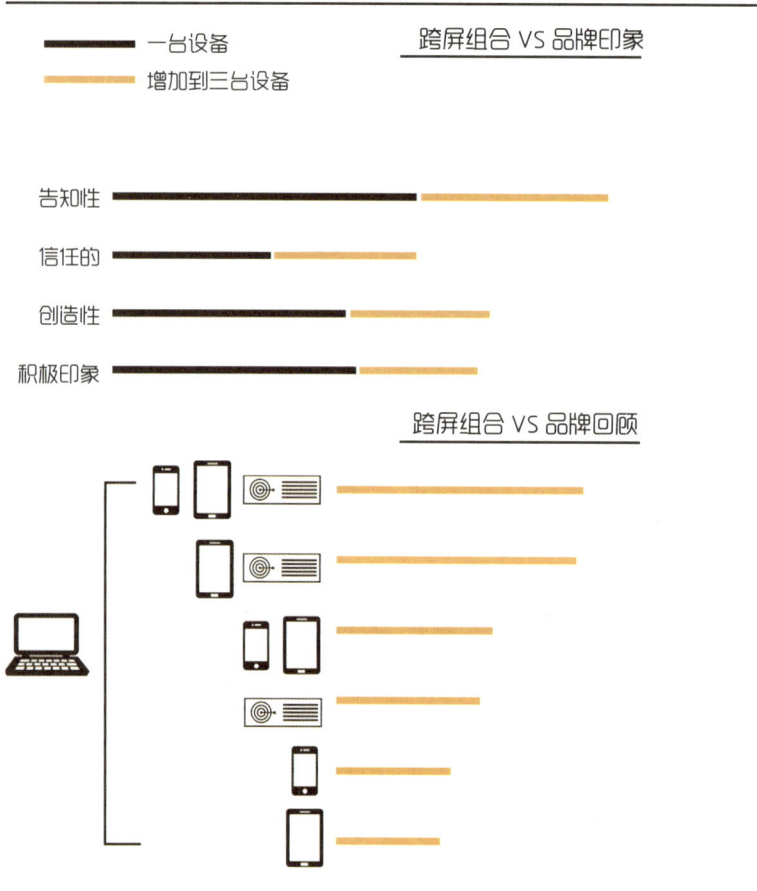

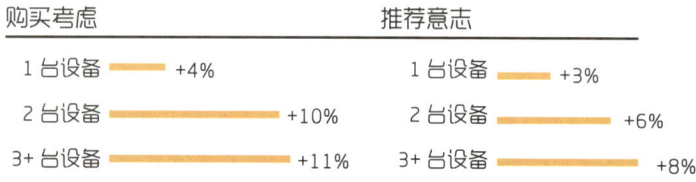

数据来源：YuMe

2. 持续不断的互联网电视受众研究

媒体形态的极大丰富，使得受众的选择也越来越多样化，广告主对捕捉和触达跨屏受众的需求也进一步提高。同时，互联网电视也在向互联的客厅和互联家庭的概念演变，于是，对受众进行更加准确的定位和分类变得愈加重要，因此受众研究在互联网电视广告市场的发展过程中扮演着重要的角色。

YuMe 互联网电视受众研究

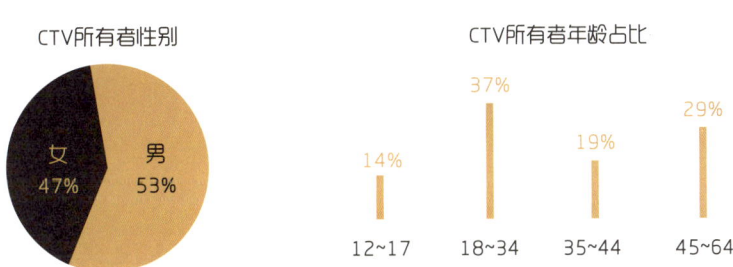

在CTV所有者中，%性别/年纪	男	女	12~17	18~34	35~44	45~64
智能电视	54%	46%	14%	36%	20%	30%
蓝光	53%	47%	13%	33%	21%	32%
游戏机	56%	44%	17%	46%	20%	18%
机顶盒	55%	45%	14%	39%	20%	27%

数据来源：YuMe

3. 广告形式的创新和跨屏的整合

早期的互联网电视广告市场，广告形式是否创新是广告主进行决策的最主要考量因素。随着广告主对互联网广告形式的了解和使用，如何在跨屏间进行快速和无缝投放便成了广告主的主要关注点。而从某种程度而言，跨屏投放也是一种全新的广告形式创新，它要求广告形式在包括移动、平板、PC 和互联网电视在内的不同终端上保持一致，并能够更好地适应不同终端的显示和互动特性。

YuMe 跨屏广告投放工具

4. 专注基于互联客厅的产品创新

在互联的电视向互联的客厅和互联的家庭演变的过程中，针对家庭的广告投放、计划、执行以及效果衡量成为行业关注的焦点，家庭定向广告产品在市场上逐渐受到追捧，并在快消、零售、金融、能源、汽车等领域的广告投放中产生了良好的效果和反应。以 YuMe 的家庭定向广告产品为例，通过多数据源的综合采集，整合家庭中所有实现互联功能的终端设备途径，对以家庭为单位的行为特征、兴趣、收入水平、族群等指标进行分析判断，一旦通过家庭网络 IP 完成了配比，广告商就可以对同一家庭的互联终端设备进行定向广告投放。

定向多终端投放的广告效果分析

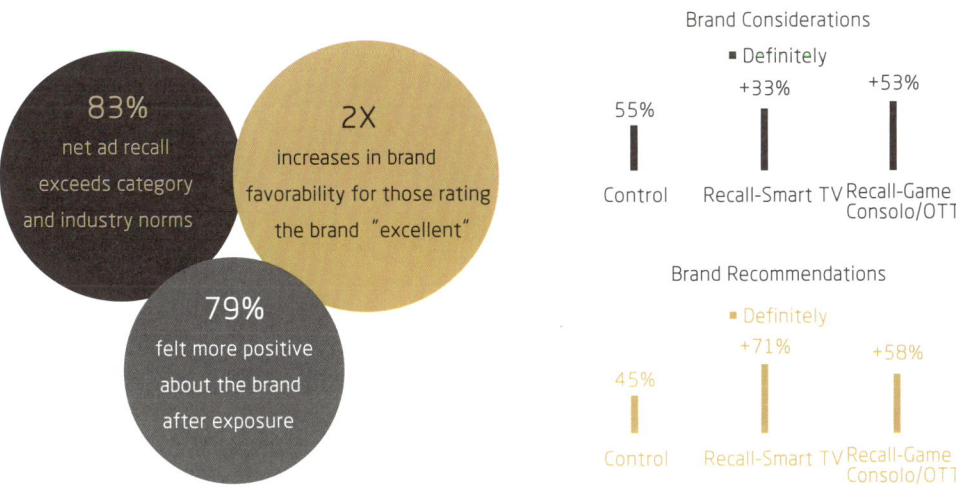

数据来源：YuMe

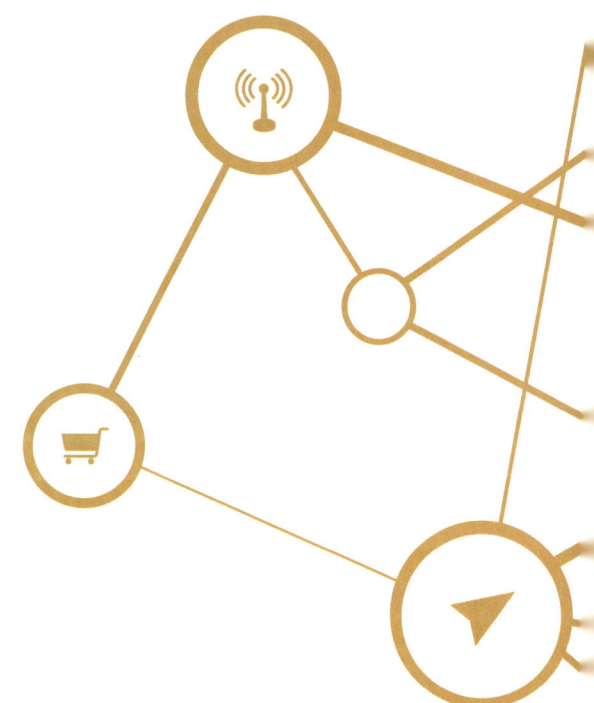

互联网电视是未来电视产业发展的趋势,而互联网电视的发展趋势,就是互动。互动是一项有巨大 商业价值,同时也任重而道远的任务。互联网电视的出现,提供了这样的机会。

—— 国广东方网络(北京)有限公司总经理 宫玉国

附录 2
《2015中国互联网电视发展蓝皮书》研究方法

互联网电视产业的研究逻辑
(IBC 模式)

互联网电视行业的发展取决于产业结构演进、商业模式创新和用户需求与行为场景这三个层面。

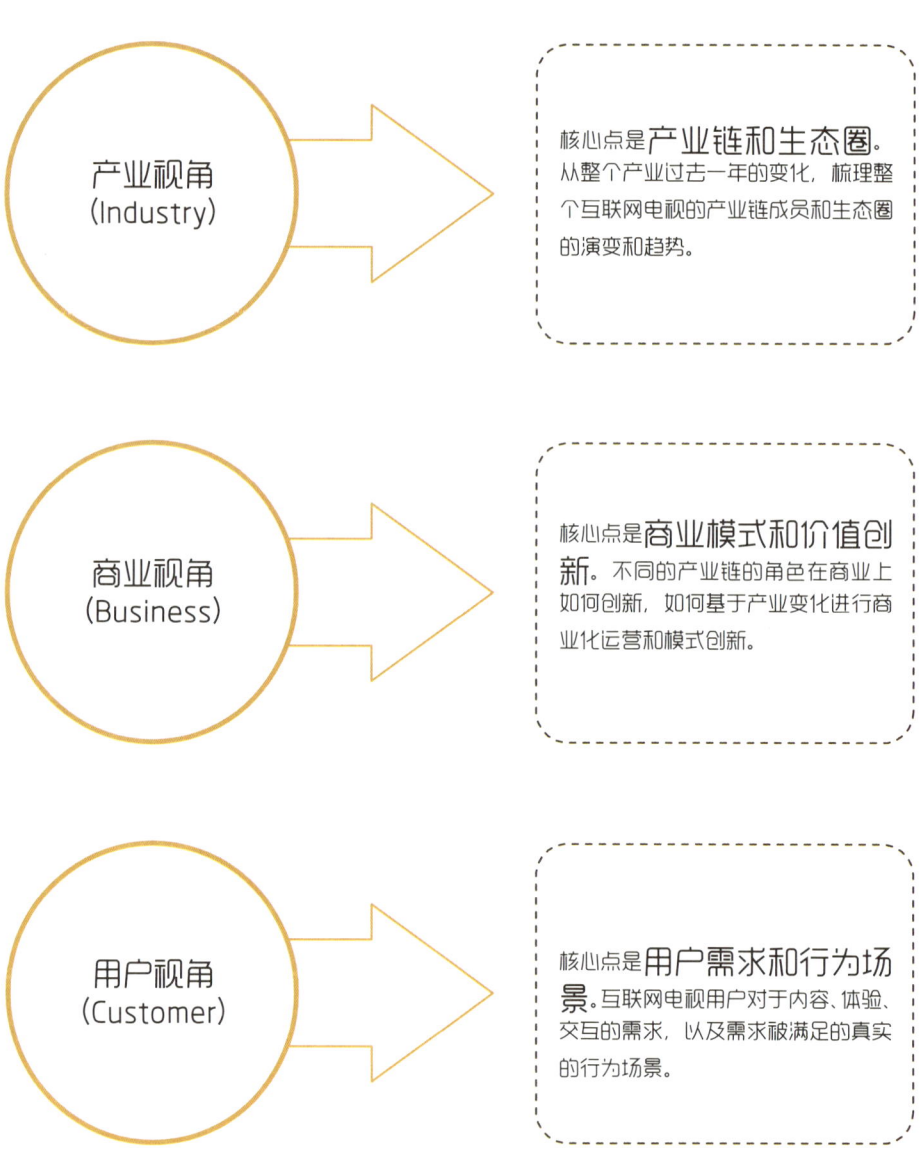

2015年 互联网电视发展研究报告研究方法

产业视角（Industry）　　商业视角（Business）　　用户视角（Customer）

| 互联网电视
二手资料研究 | 专家和
品牌主访谈 | 互联网电视
典型用户研究与量化调查 |

搜集 300 多篇 2014~2015 年各媒体关于互联网电视产业的相关报道和行业文章

先后针对互联网电视行业专家和品牌企业开展深度访谈

在 4 个城市开展典型互联网电视用户深度访谈

针对互联网电视用户进行量化调查

研究方法 1：
二手资料搜集

针对与中国互联网电视相关的文章、报道进行搜集、整理和解读，形成对互联网电视行业宏观市场的分析与洞察。

300+互联网电视相关的媒体报道和文章搜集、整理与解读

广电政策	互联网电视牌照方	互联网+电视
智能电视	三网融合	OTT TV
互联网电视用户	互动电视	IPTV
DVB	跨屏互动	……

研究方法 2：
行业专家访谈

针对行业专家进行深度访谈，了解专家对互联网电视的观点。

12位行业专家解读互联网电视产业

创维酷开董事长 王志国
国家广告研究院院长 丁俊杰
杭州泰一指尚（Adtime）科技有限公司董事长 江有归
电通安吉斯集团安索帕中国区媒介管理合伙人 黄敏尉
海尔家电产业集团营销总经理 宋照伟
海尔家电产业集团媒介总监 滕新为
谷歌大中华区程序化购买总经理 郭志明
上海剧星传媒董事长兼总裁 查道存
中广格兰董事长 曾会明
资深品牌实战专家 吴敬铭
优朋普乐科技有限公司产品中心总经理 黑维炜
优朋普乐科技有限公司终端部总监 罗可心

研究方法 3：
典型互联网电视用户访谈

2015 年 7~8 月，在北京、上海、广州、成都四大城市挑选典型的互联网电视用户进行深度访谈，进一步了解其真实的互联网电视使用行为、需求与场景，观察用户如何使用"新电视"，洞察在其行为背后对于互联网电视内容、体验的需求。

访问城市
北京、上海、广州、成都

调研时间
2015 年 7~8

月样本量
4 个城市，每个城市 5 个典型家庭，共 20 户家庭

调研对象
访问地常驻居民，且连续居住 6 个月以上

每周至少使用网络机顶盒或智能电视机收看互联网电视 3 次以上，并熟知视频点播的各项功能

过去 3 个月内没有参加过类似市场调研活动，家人或朋友无在媒体、广告、电视等行业内工作

研究方法 4：
互联网电视收视场景到人研究

2015年5~7月，在优朋普乐互联网电视用户中进行了大样本调查，共完整采集了3832户优朋普乐互联网电视用户家庭的信息，覆盖12,606个用户家庭成员信息，首次完成了互联网电视到人的研究。

调研日期
2015.05.24~2015.07.15

调研方式
线上调研

采集手段
手机扫描电视二维码，关注微信公众号，参加手机答题活动

样本数量
3,832户，12,606个用户家庭成员

受访者条件
本人或家人无媒体、广告、咨询或市场调研相关工作背景

家庭是优朋普乐机顶盒或一体机用户

被访者年满18岁

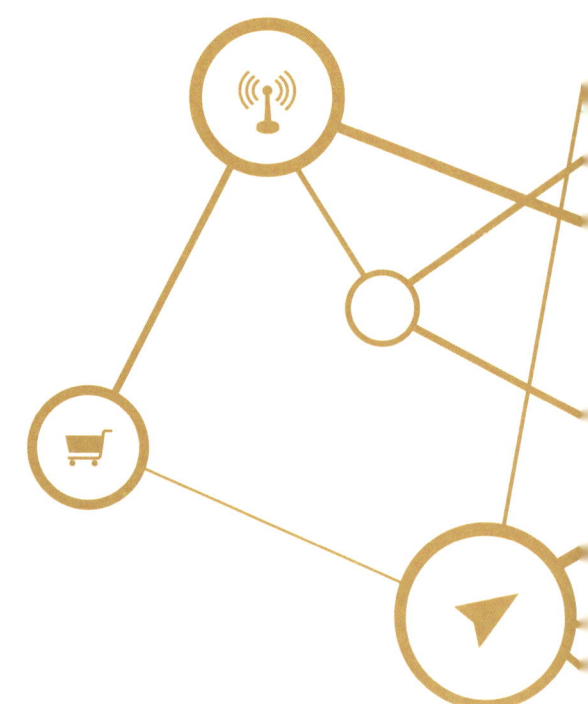

互联网电视是客厅经济，而客厅经济会产生更多的消费和交互行为，从而产生更多的商业价值。另外，互联网电视拓宽了电视的受众群体，而不仅仅是互联网人群的转移，包括以前根本不会去买电脑的人群现在也开始成为互联网电视的用户群。

—— 创维酷开董事长 王志国

附录 3
《2015中国互联网电视发展蓝皮书》
专家课题组成员蓝皮书顾问

《2015中国互联网电视发展蓝皮书》
专家课题组成员蓝皮书顾问

《2015中国互联网电视发展蓝皮书》顾问(以姓氏笔画排列)

国家广告研究院院长 中国传媒大学广告学院院长 丁俊杰

创维酷开董事长 王志国

泰一指尚（Adtime）科技有限公司 董事长 江有归

中国网络视听产业论坛执行秘书长 包冉

海尔家电产业集团营销总经理 宋照伟

中粮集团品牌总监 吴敬铭

上海剧星传媒董事长兼总裁 查道存

电通安吉斯集团安索帕中国区媒介管理合伙人 黄敏尉

中广格兰董事长 曾会明

海尔家电产业集团媒介总监 滕新为

特别支持

AdTime(泰一传媒)

作为国内最早运用大数据技术的科技型广告公司，泰一指尚（Adtime）科技有限公司依托雄厚的技术实力及持续不断的产品创新，逐步打造出了大数据分析平台"Atlas云图"、互联网精准广告智能投放平台"CCM"、移动互联网精准广告智能投放平台"手指客"、互动电视广告平台"AdSmart"、社会化媒体营销平台"SNS+"、品牌口碑及效果管理平台"AdMonitor"，可为广告主提供基于全网（PC互联网、移动互联网、互动电视等）的一站式整合营销服务及解决方案，为广告主提升营销传播的精准度，优化广告效果。官网：www.adtime.com

特别鸣谢

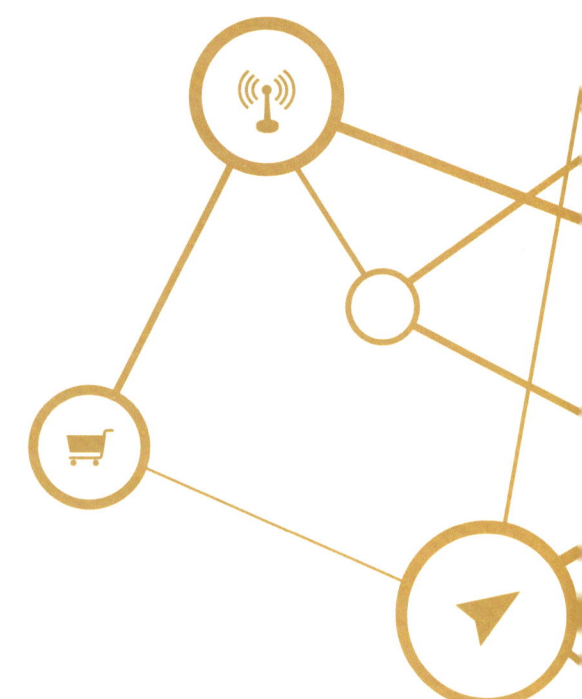

如果 10 年前，省级卫视是一个风口，只要投省级卫视，你的品牌就有很大的成长性；如果 5 年前，网络视频是一个风口，成就了很多媒体、广告主和代理公司。那下一个风口是什么？下一个风口是什么？我认为是互联网电视，正处在爆发的前夜。

—— 上海剧星传媒董事长 查道存

附录 4
《2015 中国互联网电视发展蓝皮书》
编委介绍

《2015中国互联网电视发展蓝皮书》编委

尼尔森网联媒介数据服务有限公司 CTO 张弘

优朋普乐科技有限公司总裁 许炜

优朋普乐科技有限公司 CTO 江四红

美国 YuMe 公司 CEO/ Chairman and co-funder Jayant Kadambi

优朋普乐科技有限公司副总裁 韩怡冰

美国 YuMe 公司 EVP Michael Hudes

知萌咨询机构 CEO 肖明超

尼尔森网联媒介数据服务有限公司高级总监 孙式良

尼尔森网联媒介数据服务有限公司高级总监 栾旭涛

尼尔森网联媒介数据服务有限公司研究总监 杨晓玲

优朋普乐科技有限公司广告运营中心副总经理 杨利明

优朋普乐科技有限公司系统架构部总监 仇明

美国 YuMe 公司 China China General Manager Roy Law

尼尔森网联媒介数据服务有限公司综合产品主管 艾妍

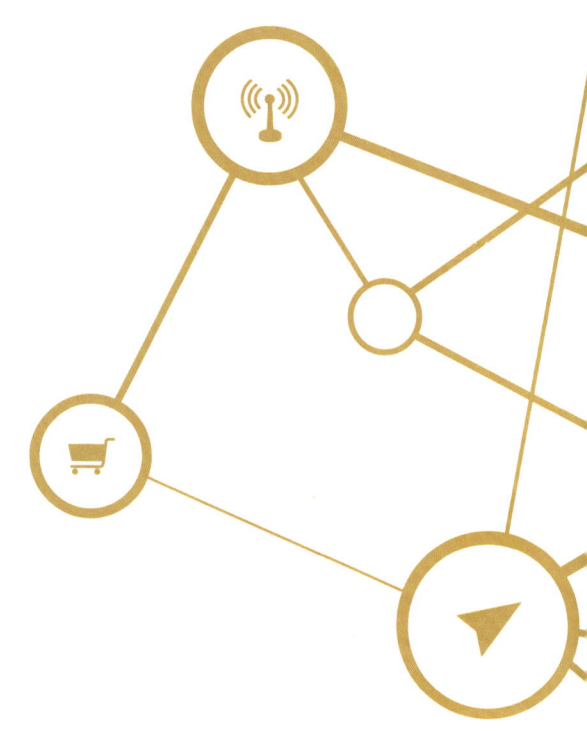

附录 5
《2015中国互联网电视发展蓝皮书》
联合研究单位介绍

《2015中国互联网电视发展蓝皮书》联合研究单位介绍

优朋普乐
有TV·有优朋

北京优朋普乐科技有限公司（UNION VOOLE TECHNOLOGY CO.,LTD）是目前中国知名的互联网电视服务提供商，多年来公司一直致力于打造最优质的互联网电视服务。公司于2006年成立，于2009年正式进入继第一代PC互联网、第二代移动互联网之后的第三代互联网——"互联网电视"领域。发展至今，优朋普乐已经成为中国互联网电视领域业务资源储备最雄厚、技术研发与运维保障能力、业务实施综合能力最强、占据总体市场份额最大的互联网公司。

nielsen·ccdata

尼尔森网联媒介数据服务有限公司（Nielsen-CCData）是尼尔森旗下专业的媒介研究公司。公司专注于数字化环境下的媒介和受众研究领域，以数字媒体测量技术为基础，采用全球顶尖的研究和分析方法，致力于为全媒体产业链各方提供权威、优质的解决方案与服务，业务涵盖跨屏收视行为研究、广告投放监测与媒体价值评估等多个领域。尼尔森网联已连续两年为优朋普乐提供用户及平台价值研究服务。

YuMe是一家为数字视频和下一代电视提供软件支持的公司。YuMe的视频广告技术和服务能无缝连接全球的广告商、应用开发者、内容分发商、硬件制造公司和发行商。公司通过专利产品"相关性引擎"（Relevance Engine）搭建了先进的流媒体视频广告平台，"YuMe Connected Audience Network"及行业领先的视频广告管理解决方案，包括针对出版商和广告商的ACE。不论目标消费者在用哪个屏幕（PC、移动端或互联网电视）观看视频，相关性引擎都可以让广告信息精准地抵达目标用户。YuMe全球总部设在美国加州的Redwood City，欧洲总部设在伦敦。公司获得了Accel Partners, BV Capital, DAG Ventures, Intel Capital, Khosla Ventures, Menlo Ventures, Samsung Ventures, Translink Capital等知名VC的投资。

在未来,广告商将广告讯息推送到家庭屏幕的时候,更多的年轻用户和高消费用户将会更容易接受广告讯息,同时在智慧家庭互联大屏系统中,智能电视依然扮演着比手机或者 Pad 更重要的角色,或者说是年轻用户所喜欢的大屏幕。

——杭州泰一指尚(Adtime)科技有限公司董事长 江有归

后记
互联网电视广告：2016 至为关键

互联网电视广告：2016 至为关键

文／优朋普乐科技有限公司副总裁兼广告运营中心总经理 韩怡冰

"营销者已经不再像从前那样控制着整个传播过程，他们已经失去了控制权。"
摘自【美】唐·E.舒尔茨：《重塑消费者-品牌关系》

当大家翻开这本《2015中国互联网电视发展蓝皮书》的时候，中国互联网电视产业的发展已经走过了四年多的时间。

这短短的四年间，中国的互联网电视已经形成了规模化的发展，成长的速度是惊人的。推及到人，已经有超过7700万人每天在他们的客厅里分享着这种全新的、自由选择的高清电视节目。这种基于互联网技术的新电视体验，"让消费者能够控制他们的信息消费——如何进入、接受什么样的形式以及产生什么样的反应，都由他们控制"。（舒尔茨语）

互联网电视广告产品也伴随着技术的进步，从满足点播用户的视频广告影片推送发展到以消费者为核心的可定制、可寻址、可交互、可链接的多种新电视广告服。

事实上，一种全新的电视广告传输系统（不同于传统的单向传播）——互联网电视广告系统——的商业价值已经逐渐形成。对于广告主、广告经营者而言，这是一个新的机遇，抑或也是一种更现实的关于优胜劣汰的商业挑战。

选择"观望"还是"参与"，不仅仅是"生意问题"，也是"生存问题"

现代经济增长是一个经济体中技术和产业不断创新的结果。由于新技术的高速发展，包括电视产业在内的传媒业一直发生着迅速的改变。未来几年，基于技术的迅速投入应用，整个传媒业的"剧变"将为期不远。

但是，相对于互联网电视（包括 IPTV）这些互动型新电视媒体的高速发展，处于互联网＋大潮流中的国内广告业以及众多的广告从业者，似乎大多还没有行动起来，甚至还有相当的从业者处于"隔岸观火"的状态。

优朋普乐广告中心从营销实践中收集到的数据显示：

·87.9% 的 4A 广告公司的媒介计划与采购部门和人员对"OTTTV"知之甚少；

·90% 以上的本土广告公司的媒介计划与采购部门和人员"OTTTV"一无所知，而且多数搞不懂网络视频与互联网电视的区别。

这是一个行业的现状，对于互联网电视这样的新媒体，虽然它"近在眼前"，但在一些人眼里往往却"远在天边"。

阅读一部广告史，在很长的时间里，广告人都是那些时代最敏感、最有先见的一群人，但如今，在一个网络发达、传播技术高速发展乃至快速迭代的时代，我们的广告人当中显然有一部分在这种变化面前有些"无所适从"乃至"行动迟缓"。

我们所接触的一些同仁，口头上也在呐喊"跨界""转型"，但是面对新事物、新媒体的发展，似乎并没有采取行动。有的成天价想着"等这个东西成熟了再干也不晚"，殊不知，在一个充满变化的时代，"等待"的理由根本不存在。

有的同仁也认同"互联网电视广告"所展现的新的互动传播功能，但在合作中又常常抱着传统的交易思维，习惯性地压低广告价格，由于不明就里，就用 PC 视频广告的价格作为参照标准。其实，除了专业视角之外，这种"价值取向"也是不可取的。这些年，广告业普遍存在的"价格自残"游戏使得整体行业利润普遍走低，而且广告运动的质量也并没有普遍提升，这种现象需要反思。

广告业要学习新技术，拥抱新媒体。市场是一群相互联系、相互助益的玩家的地盘，大家都身在其中，应该为自身或共同的利益而行动。

摒弃固步自封，不玩"零和游戏"，重建媒体生态和商业观念，我们要面对的一个基本命题是：广告业的商业价值逻辑是不是该"迭代"了？！

《2015 中国互联网电视发展蓝皮书》的启示：2016 将是互联网电视广告的关键年

这本《2015 中国互联网电视发展蓝皮书》的研究成果的重要发现，起码有三个方面值得重视：

其一，蓝皮书顾全大局。全书从整个新媒体行业发展的大局观入手，详尽阐述了目前中国包括互联网电视在内的"互动电视"产业链的全面发展状况，从播控、运营、终端、数据应用等多个维度披露了行业的发展脉络；其间，研究人员采访了产业链各个组成部分的大量专家、学者、经营者、研发者，是对过去一年整个产业发展的全面梳理与总结，值得大家总体了解这个新媒体产业的现状与趋势。

其二，本书的用户洞察部分首次采用了纯粹的 OTT 数据采集及研究模式，全部数据采集都来源于优朋普乐互联网电视平台的用户，通过 OTT 形式的互动参与，是典型的 OTT 行为。这的确要得益于互联网技术和大数据技术的发展。

其三，通过研究发现，2016 年这个时间点非常关键。谁更早挖掘到这个"价值金矿"，未来一年，谁便有可能成为中国广告行业中互联网电视广告的赢家。

中国互联网电视在 2015 年已经加快了向规模化、专业化、平台化发展的速度，整个产业正在进行资源整合、业务融合。

我预计，明年，2016 年将是互动电视产业大发展的一年，三网融合的进程将会有实质性的突破。随着用户规模的大幅提升，互动电视产生的巨大流量和入口效应将会成为消费者客厅信息消费的第一选项，即便消费者已经拥有了多重任务媒体消费的经验，但是在客厅、在家庭，联网电视仍然也必然是"消费主屏"。随之而来的互联网电视广告的变现能力将大幅提升。

目可以断定，这是一种"稀缺资源"。之所以下这样的判断，除了它是一种新的传输系统之外，还因为在电视这个屏幕下，所有的广告形式都会令"消费者 - 品牌关系"更加平衡。新一代的消费者参与、新一代的营销传播和新一代的解决方案，是其他的 PC 屏和移动平台都无法取代的。这种基于消费者主导的新交互传输系统及其商业板块将是广告主等营销者的一个价值金矿。

预计经过 2016 年一年的努力，2017 年年初，互动电视发展曲线将会达到第一个"峰值"。由此看来，我们的广告同业，包括 4A 公司、本土广告公司、数字媒体代理公司，如果错过了 2016 年，等到一片蓝海渐成红海的时候，就只好"望洋兴叹"了。优朋普乐愿意和广告界同仁一起协同创新、共赢市场，我们要拥抱你们！

作为这本《2015 中国互联网电视发展蓝皮书》的主要策划者、参与者，我衷心希望中国广告人，既能说，又能干；既有远见，又能洞见。为了成功，及早打算。

最后要一并感谢参与这个报告工作的各位专家、学者、研究人员，我们将和你们一起见证即将到来的、想起来就血脉贲张的 2016 年。

2015 年 10 月 5 日